Maria Knüttel

Innovationsprozesse in Russland – Aktueller Stand und Entwicklungsmöglichkeiten

Diplomica Verlag GmbH

Knüttel, Maria: Innovationsprozesse in Russland - Aktueller Stand und
Entwicklungsmöglichkeiten, Hamburg, Diplomica Verlag GmbH 2013

Buch-ISBN: 978-3-8428-9423-5
PDF-eBook-ISBN: 978-3-8428-4423-0
Druck/Herstellung: Diplomica® Verlag GmbH, Hamburg, 2013
Covermotiv: © Maria Knüttel

Bibliografische Information der Deutschen Nationalbibliothek:
Die Deutsche Nationalbibliothek verzeichnet diese Publikation in der Deutschen
Nationalbibliografie; detaillierte bibliografische Daten sind im Internet über
http://dnb.d-nb.de abrufbar.

Das Werk einschließlich aller seiner Teile ist urheberrechtlich geschützt. Jede Verwertung
außerhalb der Grenzen des Urheberrechtsgesetzes ist ohne Zustimmung des Verlages
unzulässig und strafbar. Dies gilt insbesondere für Vervielfältigungen, Übersetzungen,
Mikroverfilmungen und die Einspeicherung und Bearbeitung in elektronischen Systemen.

Die Wiedergabe von Gebrauchsnamen, Handelsnamen, Warenbezeichnungen usw. in
diesem Werk berechtigt auch ohne besondere Kennzeichnung nicht zu der Annahme,
dass solche Namen im Sinne der Warenzeichen- und Markenschutz-Gesetzgebung als frei
zu betrachten wären und daher von jedermann benutzt werden dürften.

Die Informationen in diesem Werk wurden mit Sorgfalt erarbeitet. Dennoch können
Fehler nicht vollständig ausgeschlossen werden und die Diplomica Verlag GmbH, die
Autoren oder Übersetzer übernehmen keine juristische Verantwortung oder irgendeine
Haftung für evtl. verbliebene fehlerhafte Angaben und deren Folgen.

Alle Rechte vorbehalten

© Diplomica Verlag GmbH
Hermannstal 119k, 22119 Hamburg
http://www.diplomica-verlag.de, Hamburg 2013
Printed in Germany

*„Leben bedeutet Veränderung, Fortschritt, Entwicklung.
Veränderung, Fortschritt, Entwicklung aber geschehen nur dann,
wenn ich bereit und imstande bin, zu verlassen, fortzugehen,
Mangel bewusst zu erleben."*

Igor A. Caruso

Inhaltsübersicht

Inhaltsverzeichnis	III
Abkürzungsverzeichnis	VI
Abbildungsverzeichnis	IX
Tabellenverzeichnis	X
Teil 1: Einleitung	1
Teil 2: Klärung der Begriffe	8
Teil 3: Entwicklung des Innovationsprozesses in Russland	27
Teil 4: Hauptelemente des russischen Innovationssystems und deren Analyse	52
Teil 5: Bewertung des russischen Innovationssystems	97
Zusammenfassung	119
Anhang	121
Anhangsverzeichnis	122
Literaturverzeichnis	130

Inhaltsverzeichnis

Inhaltsübersicht I
Inhaltsverzeichnis III
Abkürzungsverzeichnis VI
Abbildungsverzeichnis IX
Tabellenverzeichnis X

1. Einleitung 1
   1.1. Problemstellung 1
   1.2. Zielsetzung der Studie 3
   1.3. Aufbau der Studie 4

2. Klärung der Begriffe 8
   2.1. „Innovation" - Übersicht über die Definitionen 8
   2.2. Nationales Innovationssystem. Entstehung und Merkmale 21

3. Entwicklung des Innovationsprozesses in Russland 27
   3.1. Steckbrief Russlands 28
   3.2. Geschichte als Beeinflussungsfaktor für die Bildung des russischen Innovationssystems 32
      3.2.1. Der Zusammenbruch des kommunistischen Systems 32
      3.2.2. Die ersten Jahre nach dem Zerfall der UdSSR 35
      3.2.3. Wirtschaftliche Entwicklungstendenzen zur Zeit Putins 38
      3.2.4. Medwedew als russischer Präsident 40
      3.2.5. Die dritte Amtszeit Putins 43
   3.3. Organisation und Struktur des russischen Innovationssystems 45
      3.3.1. Staatliche Hauptakteure des russischen Innovationssystems 45
      3.3.2. Privatakteure als Teil des russischen Innovationssystems 48
      3.3.3. Regionales Innovationssystem 49

4. Hauptelemente des russischen Innovationssystems und deren Analyse 52
4.1. Innovationspolitik.. 53
    4.1.1. Die russische Innovationspolitik und ihre Entwicklung 53
    4.1.2. Strategien, Programme und Regierungsreformen 55
    4.1.3. Allgemein rechtliche Rahmenbedienungen des FuE-Sektors 61
    4.1.4. Vor- und Nachteile der russischen Innovationspolitik.................................. 62
4.2. Finanzierungssystem 64
    4.2.1. Allgemeine Beschreibung der Finanzierungswege des russischen
    Innovationssystems 64
    4.2.2. Staatliche Finanzierung 66
    4.2.3. Andere Finanzierungsquellen... 68
4.3. Forschungssystem 70
    4.3.1. Das Ministerium für Bildung und Wissenschaft der Russischen
    Föderation (MON).. 71
    4.3.2. Die Russische Akademie der Wissenschaften (RAN) 74
    4.3.3. Die Föderale Raumfahrtagentur (ROSKOSMOS).. 75
    4.3.4. Die Föderale Agentur für Atomenergie (ROSATOM) 75
    4.3.5. Das Staatliche Unternehmen für Nanotechnologie (RUSNANO) 76
    4.3.6. Staatliche Forschungszentren 77
    4.3.7. Technoparks, Naukograds und Sonderwirtschaftszonen 79
    4.3.8. Staatliche Stiftungen 80
        4.3.8.1. Die Russische Stiftung für Grundlagenforschung (RFFI).................. 80
        4.3.8.2. Die Russische Stiftung für geisteswissenschaftliche Forschung (RGNF) 82
        4.3.8.3. Die Russische Stiftung für technologische Entwicklung (RFTR) 84
        4.3.8.4. Die Stiftung der Infrastruktur und der pädagogischen Programme 84
        4.3.8.5. Die Stiftung zur Unterstützung kleiner, innovativer Unternehmen (FASIE)...... 85
    4.3.9. Russische Fonds, die in der Wissenschaft und der Forschung tätig sind 86
        4.3.9.1. Russische Venture Company (RVC)... 87
        4.3.9.2. Russischer Verband der Private Equity- und Venture Capital (RVCA) 88
        4.3.9.3. Russischer Venture Markt... 88
        4.3.9.4. Venture Innovationsfond (VIF)... 88
        4.3.9.5. Russischer Investitionsfond der Informations- und

　　　　Kommunikationstechnologien 89
　4.3.10. Reformen im Forschungssystem 89
4.4. Bildungssystem 90
　4.4.1. Das russische Bildungssystem 90
　4.4.2. Die Umsetzung des Bologna-Prozesses 91
　4.4.3. Die Beziehung zwischen Bildung und Wissenschaft 91
　4.4.5. Reformen im Bildungssystem 92
4.5. Businesssektor 93

5. Bewertung des russischen Innovationssystems 97
　5.1. Allgemeine Innovationsfähigkeit und Innovationsklima in der Russischen
　　　Föderation 98
　5.2. Russisches Innovationssystem im internationalen Vergleich 105
　5.3. Stärken und Schwächen des russischen Innovationssystems 114
　5.4. Perspektiven des russischen Innovationssystems 117

Zusammenfassung 119

Anhang 121
Anhangsverzeichnis 122
Literaturverzeichnis 130

Abkürzungsverzeichnis

AvH	Alexander von Humboldt-Stiftung
BERD	Business Expenditure on Research and Development
BIP	Bruttoinlandsprodukt
BMBF	Bundesministerium für Bildung und Forschung
BRIC-Länder	Die Abkürzung steht für die Anfangsbuchstaben der vier Länder Brasilien, Russland, Indien und China
EAS	Economic Analysis and Statistics
EBRD	Europäische Bank für Wiederaufbau und Entwicklung
ECU	European Currency Unit
EIS	European Innovation Scoreboard
EPO	European Patent Office
EU	Europäische Union
EUR	Euro
EVCA	European Association of Direct Investment- and Venture Capital
FASI	Föderale Agentur für Wissenschaft und Innovationen
FASIE	Stiftung zur Unterstützung kleiner, innovativer Unternehmen
FRRC	FAIR-Russia Research Center
FuE	Forschung und Entwicklung
GBAORD	Government Budget Appropriations or Outlays on R&D
GCI	Global Competitiveness Index
GDP	Gross Domestic Product
GERD	Gross Expenditure on Research and Development
GICI	Global Innovation Competitive Index
GII	Global Innovation Index
GIS	Global Innovation Scoreboard
GLONASS	Globales Satellitennavigationssystem
GOVERD	Government Intramural Expenditure on R&D
GSII	Global Summary Innovation Index
HERD	Ausgaben der Hochschulen für FuE-Sektor
HRST	Human Resources in Science and Technology

ICT	Information Communication Technology
III	Innovation Input Index
IKT	Informations- und Kommunikationstechnologie
IOI	Innovation Output Index
IP	Innovationspolitik
IS	Innovationssystem
ISI	Fraunhofer-Institut für System- und Innovationsforschung
IUS	Innovation Union Scoreboard 2011
KMU	Klein- und mittelständische Unternehmen
MGU	Moskauer Staatliche Lomonossov-Universität
MOEL	Mittel- und Osteuropäische Länder
MON	Ministerium für Bildung und Wissenschaft der Russischen Föderation
NIP	Nationale Innovationspolitik
NIS	Nationales Innovationssystem
OAO	russische Abkürzung für eine Offene Aktiengesellschaft
OECD	Organisation for Economic Co-operation and Development
ÖPP	Öffentlich-Private Partnerschaft
PCT	Patent Cooperation Treaty
R&D	Research and Development
RAN	Russische Akademie der Wissenschaft
RF	Russische Föderation
RFBR	Russian Foundation for Basic Research
RFFI	Russische Stiftung für Grundlagenforschung
RFH	Russian Foundation for Humanities
RFTR	Russische Stiftung für technologische Entwicklung
RGNF	Russische Stiftung für geisteswissenschaftliche Forschung
RIP	Russische Innovationspolitik
RIS	Russisches Innovationssystem
ROSATOM	Föderale Agentur für Atomenergie
ROSKOSMOS	Föderale Raumfahrtagentur
ROSNAUKA	Föderale Agentur für Wissenschaft und Innovation
ROSOBRAZOVANIE	Föderale Agentur für Bildung

ROSOBRNADZOR	Föderaler Dienst für Aufsicht in Bildung und Wissenschaft
ROSPATENT	Föderaler Dienst für intellektuelles Eigentum, Patent und Warenzeichen
ROSPROM	Föderale Agentur für die Industrie Russlands
ROSSTAT	Föderaler Dienst für die staatliche Statistik Russlands
RSFSR	Russische Sozialistische Föderative Sowjetrepublik
RSPP	Russische Union der Industriellen und Unternehmer
Rub.	Rubel (russische Währung)
RUSNANO	Staatliches Unternehmen für Nanotechnologie
RVC	Russische Venture Company
RVCA	Russischer Verband der Private Equity- and Venture Capital
RWF	Regionaler Wagnisfonds
S&T	Strategy & Technology
SII	Summary Innovation Index
TPR	Technological product and process
UdSSR	Union der Sozialistischen Sowjetrepubliken
USSR	Union of Soviet Socialist Republics
USA	United States of America
USPTO/PTO	United States Patent and Trademark Office
VIF	Venture Innovationsfond
WEF	World Economic Forum
ZAO	Abkürzung für die Rechtsform der geschlossenen Aktiengesellschaft
ZEW	Zentrum für Europäische Wirtschaftsforschung

Abbildungsverzeichnis

Abbildung 1: Aufbau der Studie.. 5
Abbildung 2: Innovationsfälle von Schumpeter... 10
Abbildung 3: Vielfalt von Innovationsdefinitionen 11
Abbildung 4: Vier Arten von Innovationen.. 15
Abbildung 5: Dimensionen der Innovation. Fünf wichtige Kriterien zur Bestimmung
der Innovation.. 16
Abbildung 6: Übersicht über die Definitionen des Begriffs „Innovation" in der
russischen wissenschaftlichen Literatur 19
Abbildung 7: Bausteine des Innovationssystems 22
Abbildung 8: Abläufe des Innovationssystems 24
Abbildung 9: Zusammenfassung der wichtigsten Begriffe des Innovationssystems ... 25
Abbildung 10: Wachstumsraten des sowjetischen BIP in %, 1951-1980 33
Abbildung 11: Global R&D expenditures as a percentage of GDP, 1990-1999......... 35
Abbildung 12: Structure of research and development intramural expenditure by
sources of finance (percentage)... 37
Abbildung 13: Expenditures on innovation in 2000-2005 % of turnover 39
Abbildung 14: The three types of organisations in the field of science, education and
innovation... 46
Abbildung 15: Organisational Chart of the Innovation Governance System.............. 47
Abbildung 16: Hauptfinanzierungsquellen des RIS 65
Abbildung 17: Structure of research and development intramural expenditure by
sources of financing (percentage) 65
Abbildung 18: Präsidenten-Grants 68
Abbildung 19: Staatliche Hauptverwaltung in Wissenschaft, Bildung und Innovation.......... 74
Abbildung 20: Überblick über wichtige Innovationsindikatoren................................ 98
Abbildung 21: Aufbau des zusammengefassten Indikators „Gesellschaftliches
Innovationsklima".. 99
Abbildung 22: Graphical view of the GII.. 111

Tabellenverzeichnis

Tabelle 1: Selected indicators of R&D intensity in USSR and OECD countries in 1990 34
Tabelle 2: Research and development organizations until 2000 36
Tabelle 3: Research and development personnel until 2000 36
Tabelle 4: Research and development organizations until 2009 41
Tabelle 5: Research and development personnel until 2009 42
Tabelle 6: Financing of science from the federal budget 67
Tabelle 7: Doctorial courses activity 101
Tabelle 8: Higher educational institutions 102
Tabelle 9: Average monthly accrued wages of employees of organizations 104

1. Einleitung

In den letzten zehn Jahren beschäftigte sich Russland immer mehr mit der Entwicklung eines nationalen Innovationssystems (NIS). Die Regierung verabschiedete dafür neue Gesetze und Verordnungen in den Bereichen Wissenschaft und Forschung, Innovation und Patentrecht. Überall im Land entstanden Naukograds, Technoparks und Sonderwirtschaftszonen, die als Forschungszentren dienten und die Basis für ein gut funktionierendes, nationales Innovationssystem bilden. Es wurden verschiedene Förderprogramme eingerichtet, die die Wissenschaft und Forschung unterstützten. Dafür wurden Grants und Prämien an den jungen wissenschaftlichen Nachwuchs verliehen. Diese Maßnahmen unternahm der russische Staat zur Unterstützung des FuE-Bereichs, um dessen wichtige Rolle für die allgemeine Entwicklung im Land zu stärken. Ob diese Maßnahmen allerdings ausreichen, die Reform des nationalen Innovationssystems voranzubringen, ob alles planmäßig verläuft und ob die positiven Veränderungen dieser Zeit bemerkt werden, sind die zentralen Fragen dieser Studie. Außerdem gibt die Studie deutschen Interessierten einen Überblick über die Entstehungsgeschichte des russischen Innovationssystems (RIS) und seine Entwicklung in der neuen postkommunistischen Zeit.

1.1. Problemstellung

In den 1980er Jahren hat in den Ländern Mittelost- und Osteuropas ein Transformationsprozess begonnen. Diese Änderungen haben sich an Demokratie, Marktwirtschaft und Meinungsfreiheit orientiert.[1] Zu diesen Staaten gehörte auch Russland. Nach dem Zusammenbruch der UdSSR, der zur Auflösung des sowjetischen Staates führte, wurde die Russische Föderation (RF) einem Erneuerungsprozess unterworfen, der auf der politischen, rechtlichen, wirtschaftlichen und sozialen Ebene stattfand. Dieser Prozess ist bis heute noch nicht abgeschlossen.

Zu den wichtigsten Voraussetzungen für Wachstum und Wohlstand eines Landes gehören technischer Fortschritt und Innovationen. Deswegen betrachten es viele Länder als eine primäre Aufgabe, den FuE-Bereich weiter zu entwickeln.[2] Eine wichtige Rolle spielen hier verschiedene Studien, die sich nach der Analyse der NIS und ihren Bestandteilen richten. Diese Untersuchungen dienen dazu, die Handlungsoptionen der Regierungen in den Bereichen Politik

---
[1] Vgl. Gorzka (2003), S. 7.
[2] Vgl. Dutta (2011), S. 3.

und Wirtschaft zu erweitern.[3]

Aufgrund des wirtschaftlichen Potenzials Russlands und der allgemeinen Entwicklung des Landes nach der Sowjetzeit, erhält das russische Innovationssystem ein besonderes Interesse für die Untersuchungen.

Das russische Innovationssystem befindet sich bis jetzt im Aufbau und hat einen starken „Nachholbedarf".[4] In den letzten Jahren gab es im FuE-Sektor viele Veränderungen. Zu diesen gehören eine hohe Zahl angekündigter Reformen, eine teilweise Reorganisation und Entstehung neuer staatlicher Einrichtungen, Veränderungen im Finanzierungssystem des RIS und zahlreiche Verabschiedungen von Förderprogrammen der Regierung.

Es existieren dennoch viele Barrieren, die einen Aufbau und eine weitere Entwicklung des RIS verhindern. Zu diesen gehören:

1. Eine erschwerte Beziehung zwischen dem Staat und dem Wirtschaftssektor, insbesondere durch das Fehlen eines konstruktiven Dialogs zwischen innovativen Unternehmen und staatlichen Einrichtungen.

2. Mangelnde Anpassung des FuE-Sektors an die Marktbedürfnisse. Dies bezieht sich hauptsächlich auf staatliche Einrichtungen, die im FuE-Sektor tätig sind. Sie beschäftigen sich zwar mit der Entwicklung neuer Produkte, berücksichtigen allerdings nicht ausreichend die relevanten Marktbedürfnisse. Dennoch erhalten diese Einrichtungen für ihre Projekte staatliche Finanzierungen. Dadurch werden die entstandenen Innovationen vom Verbraucher oft nicht abgenommen.

3. Mentalität und Denkweise der Menschen. Die Mitarbeiter, die in staatlichen Ministerien und Behörden arbeiten, sind noch sehr oft an die kommunistische Arbeitsweise gewöhnt. Es fehlt z.B. an Kundenfreundlichkeit.

4. Fehlende Anpassung des Staates an die veränderte wirtschaftliche Situation im Land. Die Änderungen vollziehen sich beim Staat langsamer als bei Unternehmen. Für den freien Markt muss sich der Staat neu strukturieren und zunächst die rechtlichen Rahmenbedingungen schaffen. Der bisherige Zeitraum von 20 Jahren seit dem Zusammenbruch der UdSSR war noch nicht ausreichend.

---

[3] Vgl. BDI_Deutsche Telekom Stiftung (2011), S. 10 ff.
[4] Golicenko (2006), S. 5.

5. Ein sehr kleiner Businesssektor, der sich mit der Entwicklung und Förderung von Innovationen beschäftigt. Grund hierfür ist, dass Russland vom Verkauf von Rohstoffen abhängig ist und andere Sektoren in der Wirtschaft nicht so stark fördert. Daher importiert Russland sehr viele Waren aus dem Ausland und verhindert somit die Entstehung innovativer Unternehmen. Für Unternehmen ist es einfacher und zumeist kostengünstiger, Innovationen aus dem Ausland zu kaufen, anstatt selbst Neuheiten zu produzieren. Dies betrifft insbesondere klein- und mittelständige Unternehmen (KMU).

Die Aufzählung der Probleme ist damit nicht abgeschlossen. Zu nennen sind insbesondere noch der Aufbau eines angemessenen Steuerungssystems in Russland, ein unterentwickeltes Bankensystem, zu große Bürokratie, starke Korruption und eine sehr schwache gesetzliche Grundlage.

Es gibt aber auch positive Entwicklungen. Der Aufbau des nationalen Innovationssystems in Russland ist stark von der Erfahrung anderer Industrieländer geprägt, deswegen orientiert sich Russland, wie andere MOEL-Länder auch, an den westlichen Standards und versucht, gesetzliche und organisatorische Voraussetzungen zu schaffen, um sich in die internationale „scientific community" zu integrieren.[5]

Wegen seiner Transformationsprozesse bietet Russland allerdings auch neue Chancen für ausländische Unternehmen und macht daher den eigenen Absatzmarkt für Dritte sehr attraktiv.

Seit Jahren ist Russland ständiger Partner Deutschlands. Die Zusammenarbeit zwischen den zwei Ländern findet sich in kulturellen, wirtschaftlichen und politischen Bereichen wieder.

Deswegen ist jede Forschung, die die Analyse des RIS berührt, wie auch die vorliegende Studie, sehr interessant und bringt viele Vorteile für eine deutsch-russische Zusammenarbeit.

1.2. Zielsetzung der Studie

Das Thema der vorliegenden Studie lautet „Das russische Innovationssystem" und bezieht sich auf die Analyse seiner Bestandteile. Die Verfasserin beschäftigt sich nicht zufälligerweise mit diesem Thema. Sie ist russischer Abstammung und kennt die wirtschaftlichen Beziehungen in beiden Ländern, basierend auf ihrer beruflichen Erfahrung in privaten und staatlichen Einrichtungen. Aufgrund ihrer eigenen Erfahrungen versucht die Verfasserin, ein vorurteilsfreies Bild des RIS aufzuzeigen, frei von Klischees und dem medialen Einfluss.

---

[5] Vgl. Gorzka (2003), S. 7.

Das Ziel der vorliegenden Studie ist es, einen qualitativen Überblick über das RIS zu geben und dessen Probleme aufzuzeigen. Es wird die heutige Position Russlands im Vergleich zu anderen Ländern betrachtet, und die Stärken und Schwächen des russischen Innovationssystems werden näher beschrieben.

Die Ausarbeitung soll helfen, die Kommunikation und die Geschäftsbeziehungen zwischen Deutschland und Russland zu erleichtern.

Bei der Analyse des RIS sind verschiedene Schwierigkeiten bei der Bearbeitung der Statistiken aufgetreten:

1. Unvollständige statistische Angaben. Dies betrifft hauptsächlich russische Statistiken. Im Rosstat - „The Federal State Statistics Service" fehlen Angaben, wie z.B. die Anzahl der Frauen, die in der Forschung tätig sind, die Anzahl männlicher oder weiblicher Doktoranden und der Anteil ausländischer Studierender bei der Beurteilung des NIS.

2. Wenige vergleichende Analysen mit Daten aus der UdSSR. Dies bezieht sich auch auf OECD- und Eurostaat-Statistiken.

3. Fehlende Quellenangaben in offiziellen russischen Statistiken.

4. Unklare Statistiken. Aus den russischen Statistiken geht oft nicht hervor, ob Inflationsraten indiziert sind.

5. Manchmal beziehen sich statistische Daten in Berichten von 2011 auf frühere Jahre wie 2005 oder 2009.[6]

Die Verfasserin nahm nur die aktuellsten statistischen Ausgaben der offiziellen russischen Quellen wie Rosstat und der internationalen statistischen Quellen wie OECD oder Eurostat.

1.3. Aufbau der Studie

Um alle gestellten Fragen zu beantworten und die Ziele der Studie erreichen zu können, dient der Aufbau, der in **Abbildung 1** dargestellt ist.

---

[6] Als Beispiel kann man hier statistische Angaben von „Russia in figures - 2011" nennen. Oft stammen die Zahlen in diesem Bericht aus den Jahren 2008/2009. Auch bei „Eurostat statistical book" aus dem Jahr 2011 kommen die Angaben aus dem Jahr 2009. Bei den anderen statistischen Veröffentlichungen aus dem Jahr 2010 sind sie sogar oft von 2005-2007.

Abbildung 1: Aufbau der Studie

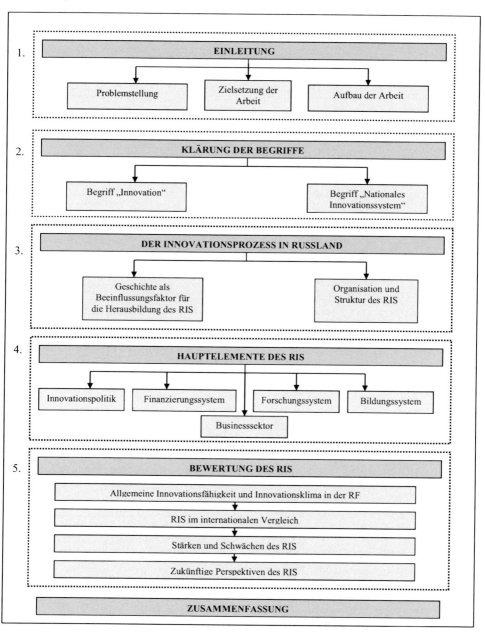

Die vorliegende Studie ist in fünf Abschnitte unterteilt: 1. Einleitung; 2. Klärung der Begriffe; 3. Entwicklung des Innovationsprozesses in Russland; 4. Hauptelemente des russischen Innovationssystems und deren Analyse; 5. Bewertung des russischen Innovationssystems. Am Ende folgt ein abschließendes Fazit, das die zentralen Ergebnisse der Arbeit zusammenfasst.

Der erste Abschnitt ist die Einleitung, in der die Problemstellung, die Zielsetzung und der Aufbau der Studie erläutert werden.

Im zweiten Abschnitt wird die Vielfalt des Innovations-Begriffs betrachtet. Im Anschluss daran wird ein Überblick über die Definition des Innovationssystems gegeben, insbesondere im Hinblick auf nationale Innovationssysteme. Dazu werden diese Begriffe gerade auch aus Sicht der russischen Wissenschaftler analysiert.

Der dritte Abschnitt befasst sich mit der Entwicklung des Innovationsprozesses in Russland. Hierzu erfolgt ein kurzer Überblick über Russland und seine Geschichte und deren Einfluss auf den Innovationsprozess im Land. Es werden die Folgen des Kollapses der UdSSR für die Wirtschaft, das Bildungs- und das Forschungssystem betrachtet, sowie das Erbe der Sowjetunion für den Neuaufbau des russischen nationalen Innovationssystems. Außerdem wird die Situation Russlands zur Zeit Jelzins - des ersten russischen Präsidenten - zur Zeit Putins und zur Zeit Medwedews dargestellt, besonders im Hinblick auf die allgemeine wirtschaftliche Entwicklung und die entstandenen Reformen, die den Innovationsprozess maßgeblich beeinflusst haben. Es wird außerdem über die neu angekündigten Reformen seit der Wiederwahl Putins als Präsident Russlands diskutiert.

Zum Schluss dieses Abschnitts wird die Organisation des RIS beschrieben, die Rolle der bedeutendsten Akteure des Innovationssystems betrachtet und Besonderheiten seiner Entwicklung benannt.

Im vierten Abschnitt werden die Hauptelemente des russischen Innovationssystems angeführt, wie die Innovationspolitik, das Finanzierungssystem, das Forschungs- und Bildungssystem und der private Sektor. Diese Elemente werden beschrieben und anschließend wird eine Analyse durchgeführt.

Der fünfte Abschnitt beschäftigt sich mit der allgemeinen Bewertung des russischen Innovationssystems. Die Bewertung erfolgt aus statistischen Erhebungen in Russland, dem Global Innovation Scoreboard (GIS), Angaben aus OECD-Berichten, etc. Insbesondere werden in diesem Abschnitt auch die allgemeine Innovationsfähigkeit und das Innovationsklima der Russischen Föderation beurteilt. Hierzu wird eine vergleichende Analyse des russischen Innovationssystems mit dem NIS anderer Länder auf internationaler Ebene durchgeführt, deren

Ergebnisse ermittelt, die Stärken und Schwächen des RIS dargestellt und die Perspektiven genannt.

Um diese Studie fertigzustellen, wurden Bücher, Berichte und Statistiken in drei Sprachen, Deutsch, Englisch und Russisch verwendet. Der russische Text wurde von der Verfasserin selbst aus original russischen Quellen übersetzt.

2. Klärung der Begriffe

Bevor eine Beschreibung und Analyse des NIS aus einem konkreten Land durchgeführt werden kann, müssen zuerst die Hauptbegriffe des NIS definiert werden. Zu diesen Begriffen gehört an zentraler Stelle der Begriff „Innovation". Jeder von uns wird täglich mit diesem Wort konfrontiert, z.B. im Fernsehen läuft ein Werbe-Clip, in dem ein neues Fahrzeug des Herstellers Mercedes Benz als Innovation in der Automobilindustrie bezeichnet wird; auf dem neuen Monitor der Firma Samsung steht die Aufschrift „Color Innovation"; auf der Verpackung einer Glühbirne liest man den Aufdruck „Innovatives Produkt". Was bedeutet nun dieser viel benutzte, modische Begriff? Woher kommt er in unser alltägliches Leben?[7] Welche Verknüpfung besteht zwischen diesem Begriff und dem Innovationssystem und was bedeutet „ein nationales Innovationssystem"? Welche Rolle spielt es für einen Staat? Die weiteren Kapitel geben einen Überblick über mögliche Antworten.

2.1. „Innovation" - Übersicht über die Definitionen

Der Innovationsbegriff wird in der wissenschaftlichen Literatur und der Praxis nicht einheitlich

---

[7] Vgl. Burr (2004), S. 21.

verwendet.[8] Es gibt eine Vielzahl unterschiedlicher Definitionen für diesen Begriff. Das ist eine logische Konsequenz, weil er in vielen wissenschaftlichen Sektoren benutzt wird. Außerdem findet man seine Verwendung in zahlreichen Bereichen der Gesellschaft und Wirtschaft.[9] Man kann sagen, dass die Innovation eine Art von:

„(...) Sammelbegriff ist für Verbesserungen und Neuerungen. (...). Das Innovationsspektrum umfasst: Um- und Durchsetzung von Entdeckung und Erfindung; Qualitative Veränderungen von Eigenschaften, Strukturen oder Abläufen; Umgestaltung und Verbesserung konventioneller Realisationen; Lancieren und Verbreitung von Neuentwicklungen und Neukreationen; Finden neuer An- und Verwendungsmöglichkeiten."[10]

Der Begriff „Innovation" hat eine lange Geschichte. Zuerst fand man das Wort „innovatio" im Kirchenlatein bei Tertullian (ca. 200 n. Chr.) und Augustin (ca. 400 n. Chr.). Dort hatte es die Bedeutung „Erneuerung und Veränderung". Seit dem 13. Jh. war dieses Wort im Französischen und Italienischen gebräuchlich. Dante erwähnte bereits den Begriff „innovare". Auch Machiavelli spricht von „innovatore". Shakespare benutzt den Begriff „innouator" im Englischen im Sinne von politischer Erneuerung.[11]

Ins Deutsche kam dieses Wort mit Luther und Schiller und wurde mit der Bedeutung von etwas „Neuem" verknüpft.[12] Im heutigen Sinne wurde dieser Begriff zum ersten Mal von dem Ökonomen Joseph Alois Schumpeter geprägt.[13] In seinem Buch „Theorie der wirtschaftlichen Entwicklung" (1931) bezieht er sich auf „neue Kombinationen von Produktionsmitteln", die „diskontinuierlich" auftreten. Schumpeter verwendet den Begriff „Innovation" aber noch nicht direkt. Er benutzt ihn erstmalig 1939 in seinem Werk „Business Cycles".[14] Dort beschreibt Schumpeter spezifische Typen von Unternehmen, die Triebkraft der Entwicklung sind. Außerdem bezeichnet er die ökonomische Entwicklung als einen Prozess der „schöpferischen Zerstörung" und erklärt die Konjunkturwellen aus der Störung des Gleichgewichts in der Wirtschaft durch die Tätigkeit von Pionierunternehmen. Schumpeter unterscheidet fünf

---

[8] Vgl. Biehl (1982), S. 31.
[9] Vgl. Guido (2003), S. 7.
[10] Bergmann (2000), S. 18.
[11] Vgl. Müller (1997), S. 9.
[12] Vgl. ebd.
[13] Vgl. Albers/Gassmann (2005), S. 25.
[14] Vgl. Burr (2004), S. 22; Guido (2003), S. 8.

verschiedene Innovationsfälle **(siehe Abb. 2)**.[15]

Abbildung 2: Innovationsfälle von Schumpeter

> 1. Herstellung einer neuen, d.h. dem Konsumentenkreis noch nicht vertrauten Leistung oder einer neuen Qualität bestehender Leistung.

> 2. Einführung einer neuen, d.h. dem betroffenen Industriezweig noch nicht bekannten Produktionsmethode, die keineswegs auf einer wissenschaftlich neuen Entdeckung zu beruhen braucht und auch in einer neuartigen Weise bestehen kann.

> 3. Eroberung einer neuen Bezugsquelle von Rohstoffen oder Halbfabrikaten, wiederum gleichgültig, ob diese Bezugsquelle schon vorher existiert hat oder ob sie erst geschaffen werden muss.

> 4. Erschließung eines neuen Absatzmarkts, d.h. eines Markts, auf dem der betroffene Industriezweig des Landes bisher noch nicht eingeführt war, mag dieser Markt schon existiert haben oder nicht.

> 5. Durchführung einer Neuorganisation.

Quelle: Zitiert in Anlehnung an Guido (2003), S. 9-10.

Wie bereits oben angedeutet wurde, existiert in der wissenschaftlichen Literatur eine große Vielfalt an verschiedenen Definitionen der „Innovation". Eine ausführliche Literaturübersicht darüber findet man bei Hauschild/Salomo (2007) **(siehe Abb. 3).**

---

[15] Vgl. Guido (2003), S. 10.

Abbildung 3. Vielfalt von Innovationsdefinitionen

---

1. Innovationen als neuartige Produkte oder Prozesse der Tatsache und dem Ausmaß der Neuartigkeit

---

Barnett (1953), S. 7: „An innovation is (...) any thought, behaviour or thing that is new because it is **qualitatively different from existing forms**."

Aregger (1976), S. 118: „Die Innovation ist eine signifikante Änderung im Status Quo eines sozialen Systems, welche, gestützt auf neue Erkenntnisse, soziale Verhaltensweisen, Materialien und Maschinen, eine direkte und/oder indirekte Verbesserung innerhalb und/oder außerhalb des Systems zum Ziel hat. Die Systemziele selbst können auch Gegenstand der Innovation sein."

---

2. Innovationen als neuartige Produkte oder Prozesse der Erstmaligkeit

---

Schmookler (1966), S. 2: „When an enterprise produces a good or service or uses a method or input that is new to it, it makes a technical change. **The first enterprise** to make a given technical change is an innovator. Its action is innovation."

Kieser (1969), HWO, 1. Aufl., Sp. 742: „Als Innovationen sollen alle Änderungsprozesse bezeichnet werden, die die Organisation **zum ersten Mal durchführt**."

Vedin (1980), S. 22: „An innovation is an invention brought to its **first use**, its **first introduction** into the market."

3. Innovationen als neuartige Produkte oder Prozesse der Wahrnehmung

Rogers (1983), S. 11: „An innovation is an idea, practice or object that is **perceived as new** by an individual or other unit of adoption. It matters little, so far as human behaviour is concerned, whether or not an idea is „objectively" new (…). The perceived units of the idea for the individual determines his or her reaction to it. If the idea seems new to the individual, it is an innovation."

Zaltman (1984), S. 10: „(…) We consider as an innovation any idea, practice, or material artefact **perceived to be new** by the relevant unit of adaptation. The adopting unit can vary from a single individual to a business firm, a city, or a state legislature. "

4. Innovation als neuartige Kombination von Zweck und Mitteln

Pfeiffer/Staudt (1975), HWB, Sp. 1943 ff.: „Daraus wird deutlich, dass mit Innovation eigentlich das **Ergebnis zweier Prozesse** beschrieben wird. Auf der einen Seite steht der potentielle Wandel der Verfügbarkeit bzw. des Angebots von Problemlösungen durch neue Ideen, Erfindungen und Entdeckungen, auf der anderen Seite die Nachfrage nach Problemlösungen, die ebenfalls veränderlich ist. Werden beide Seiten zur Deckung gebracht, wird also eine Anwendung bzw. Verwendung erreicht bzw. durchgesetzt, wobei auf mindestens einer Seite etwas „Neues" auftritt, so spricht man von Innovation."

Moore/Tushman (1982), S. 132: „Most generally, innovation can be seen as the synthesis of a market **need with the means** to achieve and produce a product to meet that need."

Rickards (1985), S. 10 f.; 28 f.: „Innovation is a process whereby new ideas are put into practice. (…) To be more specific it is the process of **matching the problems (needs)** of systems **with solutions** which are new and relevant to those needs (…)."

5. Innovation als Verwertung neuartiger Produkte oder Prozesse

Roberts (1987), S. 3: „(...) innovation = **invention + exploitation**. The invention process covers all efforts aimed at creating new ideas and getting them to work. The exploitation process includes all stages of commercial development, application, and transfer, including the focussing of ideas or inventions towards specific objectives, evaluating those objectives, downstream transfer of research and/or development results, and the eventual broad-based utilization, dissemination, and diffusion of the technology-based outcomes."

Brockhoff (1992), S. 28: „Liegt eine Erfindung vor und verspricht sie wirtschaftlichen Erfolg, so werden Investitionen für die Fertigungsvorbereitung und die Markterschließung erforderlich, Produktion und Marketing müssen in Gang gesetzt werden. Kann damit die **Einführung auf dem Markt** erreicht oder ein **neues Verfahren eingesetzt** werden, so spricht man von einer Produktinnovation oder einer Prozessinnovation."

6. Innovation als Prozess

Uhlmann (1978), S. 41: „Unter einer Innovation soll hier **der gesamte Prozess** der Erforschung, Entwicklung und Anwendung einer Technologie verstanden werden. Dieser Prozess besteht definitionsgemäß also aus mehreren logisch aufeinander folgenden Phasen (Subprozessen), die sich analytisch unterscheiden lassen."

Goldhar (1980), S. 284: „Innovation from idea generation to problem-solving to commercialization, is a **sequence** of organizational and individual behaviour patterns connected by formal resource allocation decision points."

Dosi (1988), S. 222: „(...) innovation concerns the search for, and discovery, experimentation, development, imitation, and adoption of new products, new production processes and new organizational set-ups."

7. Innovationen als neuartige Dienstleistungen jenseits industrieller Produkte und Prozesse

Chmielewicz (1991), S. 84: „Unter Innovationen werden pauschal betrachtet Neuerungen verstanden. Dabei können insbes. **Finanzinnovationen** (z.B. neue Wertpapiertypen), **Sozialinnovationen** (z.B. gleitende Arbeitszeit), **Marktinnovationen** (Durchdringung neuer Absatz- und Beschaffungsmärkte), **Organisationsinnovationen** (z.B. Spartenkonzept, Holdingkonzern), **Produktinnovationen** und **Verfahrensinnovationen** (Prozessinnovationen) unterschieden werden."

Damanpour (1991), S. 556: „Innovation is defined as adoption of an internally generated or purchased **device, system, policy, program, process, product** or **service** that is new to the adopting organization."

Quelle: Hauschildt/Salomo (2007), S. 4-6.

Die oben genannten Definitionen zeigen, dass Innovation in der Wahrnehmung der Menschen mit Neuem in Verbindung gebracht wird. So werden „neue Sachen" in Vergleich zu anderen, schon existierenden „alten Sachen" gesetzt. Innovation ist somit eine Veränderung des bereits bestehenden „Status Quo".

Der Mensch als Konsument verbindet Innovation mit neuen Produkten und Dienstleistungen, die auf dem Markt erscheinen. Aber bei Innovationen handelt es sich nicht nur um Produkte und Dienstleistungen, sondern eine Großzahl der Wissenschaftler sehen Innovationen in erster Linie als einen Prozess, der einen dynamischen Charakter aufzeigt. Dieser Prozess hält permanent an und berührt alle Sphären menschlicher Tätigkeit und in der Folge davon auch sämtliche Bereiche des Alltagslebens. Innovationen können somit als Voraussetzung für die Entwicklung des Landes betrachtet werden und sind Motor des Fortschritts.

Die Sammlungen statistischer Angaben der Innovation berühren sich über die Definition des Begriffs „technologische Innovation" im Oslo-Handbuch der OECD.[16] Hier geht es um technologische Produkte und Prozesse:

---

[16] Vgl. Europäische Kommission (1996), S. 12; Schum (2006), S. 315.

*„Technological product and process (TPP) innovations comprise implemented technologically new products and processes and significant technological improvements in products and processes. TPP innovation has been **implemented** if it has been introduced on the market (product innovation) or used within a production process (process innovation). TPP innovations involve a series of scientific, technological, organisational, financial and commercial **activities**. **The TPP innovating firm** is one that has implemented technologically new or significantly technologically improved products or processes during the period under review."*[17]

Die Innovationen besitzen verschiedene Arten. Hierbei unterscheidet man a. technische, b. organisatorische, c. geschäftsbezogene und d. soziale Innovationen **(siehe Abb. 4).**[18]

Abbildung 4: Vier Arten von Innovationen

- Technische Innovationen umfassen Prozesse, Produkte und technisches Wissen.
- Organisatorische Innovationen umfassen Strukturen, Kulturen und Systeme.
- Geschäftsbezogene Innovationen umfassen Erneuerung des Geschäftsmodells, Markt- und Branchenstruktur.
- Soziale Innovationen umfassen neue Sozialtechnologien und neue Lebensstile.

Quelle: Hauschildt/Sören (2007), S. 13.

Die wissenschaftliche Literatur spricht sehr oft von Dimensionen der Innovation. Es gibt fünf Kriterien, die maßgebend sind, was innovativ ist oder zumindest sein soll **(siehe Abb. 5).**[19]

---

[17] OECD (2001; 1), S. 31.
[18] Hauschildt/Sören (2007), S. 13.
[19] Vgl. Albers/Gassmann (2005), S. 26; Hauschildt/Sören (2007), S. 8; Guido (2003), S. 8.

Abbildung 5: Dimensionen der Innovation. Fünf wichtige Kriterien zur Bestimmung der Innovation

1. Inhaltliche Dimension: Was ist neu?
2. Intensitätsdimension: Wie neu ist es?
3. Subjektive Dimension: Für wen ist es neu?
4. Prozessuale Dimension: Wo beginnt, wo endet die Neuerung?
5. Normative Dimension: Ist neu gleich erfolgreich?

Quelle: Vgl. Albers/Gassmann (2005), S. 26; Hauschildt/Sören (2007), S. 8; Guido (2003), S. 8.

Um eine synonyme Verwendung der Begriffe Innovation und Invention zu vermeiden, sollte der Begriff der „Invention" erklärt werden.[20] Eine Invention ist eine Erfindung bzw. ein Akt der Generierung neuen Know-hows. Der Unterschied zur Innovation ist, dass die Verwendung des Begriffs „Innovation" umfassender ist und bei der Realisierung und seiner Verwendung hauptsächlich auf dem ökonomischen Markt liegt. Invention ist z.B. die Entdeckung eines neuen Patents, das nicht zwangsläufig auch entwickelt werden muss. Erst durch die Realisierung dieser Entdeckung wird aus einer Invention auch eine Innovation.[21]

Bei der Betrachtung der Innovation sind weitere Begriffe relevant. Es geht um Innovationsstrategien, Innovationsmanagement, Innovationstypen und Innovationsprozesse. Mit einbezogen ist auch das Innovationssystem.[22]

Die Innovationsstrategien „(...) bündeln die Innovationsaktivitäten und dienen einer optimalen Ressourcenallokation. Innovationsstrategien stellen die Wege zum Ziel dar. Sie weisen folgende wesentliche Merkmale auf:

- Hohe Komplexität aufgrund der vielfältigen Wechselbeziehungen
- Langfristigkeit

---

[20] Vgl. Schum (2006), S. 315.
[21] Vgl. Bergmann (2000), S. 22.
[22] Vgl. ebd., S. 18.

- Wandlungsfähigkeit wegen turbulenter Umfeldbedingungen und häufiger Anpassung

- Funktionsübergreifende Bedeutung wegen der Koordination verschiedener Bereiche wie Marketing, Technik und Unternehmensführung

- Rahmen für Erneuerungsprozesse."[23]

Das Innovationsmanagement „(...) umfasst die Initiative, die Prozessbegleitung und die Rahmengestaltung für Erneuerungsprozesse von der Idee und Erkenntnis über die Problemlösung bis zur erfolgreichen Verwirklichung und Einführung."[24]

Die Innovationstypen. Hierbei unterscheidet man drei weitere Arten:

- „Produktinnovationen: Herstellung neuer oder qualitativ verbesserter materieller und immaterieller Produkte. Innovationen treten bei Konsumgütern, aber auch bei Investitionsgütern, Halb- und Zwischenfabrikaten bzw. Inputgütern oder Dienstleistungen auf.

- Prozessinnovationen: Anwendung neuer Technologien, so dass bestehende Prozesse ersetzt und modifiziert werden oder neue Prozesse hinzukommen. Damit entfaltet die Prozessinnovation ihre Wirkung stets bei dem Anwender der neuen Technologie, indem dieser neue Investitionsgüter in seinen Produktionsprozess einbaut. Die Herstellung der auf neuen Technologien basierenden Investitionsgüter stellt für den Produzenten der Güter hingegen eine Produktinnovation dar.

- Organisatorische Innovationen: Veränderungen in der Koordination des arbeitsteiligen Leistungserstellungsprozesses bei den unternehmerischen Standorten und im Management. Sie stehen in einer Verbindung mit den Prozessinnovationen. Aktivitäten werden neu kombiniert, neue Prozesse hinzugenommen oder alte weggelassen. Die räumliche, zeitliche und personelle Arbeitsteilung verändert sich damit fast zwangsläufig. Neben neuen Führungskonzepten sind oft auch neue Aus- und Weiterbildungsmaßnahmen notwendig."[25]

---

[23] ebd., S. 31.
[24] ebd.
[25] Hotz-Hart /Reuter/Vock (2001), S. 3.

Unter Innovationsprozessen „(...) sind alle zur Entwicklung, Einführung und Durchsetzung einer Innovation notwendigen Phasen, Aktivitäten und Aspekte zu subsumieren. (...) Sie bilden den Ausgangspunkt für Innovationen und sind Grundlage für ein systematisches Innovationsmanagement."[26]

Russische Wissenschaftler sind auch mit „Innovation" und ihrer Definition beschäftigt. In Russland war der Ökonom Nikolai D. Kondratjew Gründer der Innovationstheorie. In seinen Werken (1922-1928) hat er die sogenannte „Theorie der langen Wellen" entwickelt, wobei er feststellt, dass die wirtschaftliche Entwicklung eine lange Phase von Schwankungen hat. Diese Schwankungen dauern entsprechend der Kondratjewstheorie zwischen 40 und 60 Jahren. Dieses Phänomen wurde Kondratjew-Zyklus oder Kondratjew-Wellen genannt. Auslöser dieses Zyklus sind Innovationen, die im technischen oder ökonomischen Bereich stattfinden. Schumpeter hat ebenfalls in seinem Werk über Konjunkturwellen (1939) geschrieben. Dementsprechend ist die Basis für lange Kondratjew-Wellen eine technische Innovation.[27]

Das Schicksal Kondratjews war, dass seine Theorie in Russland am Anfang keine Unterstützung fand, er als Verbreiter „kapitalistischer Ideen" bezeichnet wurde und in den 1930er Jahren im Gefängnis starb.

Andere russische Wissenschaftler wie Balabanov I.L., Valdeizev S.V., Iljenkova S.D. beschäftigten sich erst wieder Ende der 1980er Jahre ausführlich mit der Bestimmung der Innovation.[28] Die Übersicht über Definitionen der Innovation seitens russischer Wissenschaftler ist in **Abbildung 6** dargestellt.

Die Analyse dieser Begriffe zeigt, dass wenig Unterschiede zu den Definitionen bestehen, die in den USA und Europa entstanden sind. Für russische Wissenschaftler ist eine Innovation auch eine Neuerung, eine neue Art von Produkt oder Technologie. Hier unterscheidet man auch technische, organisatorische, geschäftsbezogene und soziale Innovationen. Insgesamt gibt es in der russischen Wissenschaft eine große Anzahl uneinheitlicher Begriffe für Innovation.

---

[26] Guido (2003), S. 14.
[27] Vgl. Gorfinkel'/Cernycov (2008), S. 48 f.
[28] Vgl. Goncarenko (2009), S. 16.

Abbildung 6: Übersicht über die Definitionen des Begriffs „Innovation" in der russischen wissenschaftlichen Literatur

1. **Innovation** - ist ein materialisiertes Ergebnis, das man bei der Investition von Kapital in neue Technik und Technologie und in neue Formen der Organisation von Produktion und Dienstleistungen bekommt. Dazu zählen auch neue Formen von Kontrolle, Rechnungswesen, Methoden der Planung, Analyse, etc.

Balabanov I.L. (2001): Innovacionnyj menedzment (Innovationsmanagement), Piter, St. Petersburg, S. 17.

2. **Innovation (Neuerung)** - ist ein Ergebnis menschlichen Wirkens, ausgerichtet auf die Ausarbeitung, Erschaffung und Verbreitung neuer Arten von Produkten, neuer Technologien und die Einführung neuer Formen der Organisation.

Borisov A.B. (2000): Bolsoj Enceklopediceskij slovar' (Großes Enzyklopädie Wörterbuch), Kniznij mir, Moskva, S. 8.

3. **Innovation** - ist die Erschaffung neuer Produkte, die auf speziell ausgearbeiteter, origineller Technologie basieren. Diese Technologie ist in der Lage, die neuen Produkte auf dem Markt einzuführen und die Bedürfnisse dort zu befriedigen.

Baldajcev S.V. (1997): Ocenka biznesa i innovacij (Bemessung von Business und Innovation), Filin, Moskva, S. 31.

4. **Innovationen** - sind quantitative und qualitative Systemänderungen in jedem Tätigkeitsbereich der Betriebe.

Voldacek L.T. (1989): Strategija upravlenija innovazijami na predprijatii (Strategien der Steuerung von Innovationen in Betrieb), Ekonomika, Moskva, S. 15.

5. **Innovation** - ist ein Komplexprozess zur Erschaffung, Verbreitung und Benutzung neuer praktischer Mittel (Neuerung) für neue (oder zur besseren Befriedigung bereits bekannter) gesellschaftlicher Bedürfnisse; der Prozess der Entstehung von Neuerungen ist gleichzeitig mit den Prozessen seiner sozialen Umwelt verknüpft.

Gvisiani D.M. (1986): Dialektika i sistemnyj analiz (Dialektik und Systemanalyse), Nauka, Moskva, S. 18.

6. **Innovation** - ist das Endergebnis der Einführung von Neuerungen mit dem Ziel einer Änderung der Steuerung eines Objekts und des Erhalts eines ökonomischen, sozialen, ökologischen, wissenschafts-technischen oder anderen Effektes.

Il'enkova S.D. (1997): Innovacionnyj menedzment (Innovationsmanagement), JUNITI, Moskva, S. 21.

7. **Innovation** - ist die wissenschaftliche Entdeckung oder Erfindung, die eine praktische Anwendung besitzt, und soziale, ökonomische und politische Forderungen befriedigt.

Kantarovic L.B. (1986): Sistemnij analiz i nekotorye problemy naucno-techniceskogo progressa (Systemanalyse und einige Probleme des wissenschafts-technischen Progresses), Nauka, Moskva, S. 20.

Quelle: Eigene Übersetzung aus obengenannten Büchern.

Der grundlegende Begriff für „Innovation" ist in Russland die oben angeführte Definition aus dem Frascati- und Oslo-Handbuch der OECD. Dieser Begriff wurde als Basis für die Ausarbeitung verschiedener Innovationsnormen, Dokumente und Programme in Regulierungssystemen sowie bei der Durchführung der nationalen Innovationspolitik, genommen.[29]

---

[29] Vgl. Goncarenko (2009), S. 19.

2.2. Nationales Innovationssystem. Entstehung und Merkmale

Eine große Rolle bei der Definition des nationalen Innovationssystems spielt der Begriff „Netzwerke". Wichtigstes Merkmal eines Netzwerkes sind „Informationsaustausch und partnerschaftliche Zusammenarbeit".[30] Sie bestehen aus privaten oder öffentlichen „Akteuren". In sog. Innovationsnetzwerken

„(...) interagieren verschiedene Akteure, die in ihrer Zusammenarbeit neue Ideen und Problemlösungen für Markterfolge von Gütern und Dienstleistungen generieren."[31]

Innerhalb eines „geographisch oder hoheitsrechtlich definierten Raums" wird das Profil von Innovationsnetzwerken über „das Konzept der Innovationssysteme" abgebildet.[32]
Wie ein Haus bildet sich ein Innovationssystem aus verschiedenen Bausteinen - Akteuren **(siehe Abb. 7)**.[33] Im Zentrum befinden sich Akteure wie innovative Unternehmen, Bildungs- und Forschungsorganisationen und andere unterstützende Organisationen. Innovative Unternehmen sind Unternehmen, die im FuE-Sektor tätig sind und für den Absatzmarkt neue, innovative Produkte entwickeln. Das Ziel der Bildungsorganisationen ist die Ausbildung des qualifizierten Nachwuchses. Hierbei ist eine Verflechtung der wissenschaftlichen Kontakte zwischen den Bildungsorganisationen und den Forschungseinrichtungen sehr wichtig. Dadurch entsteht für die Studierenden die Möglichkeit, ihr theoretisch erworbenes Wissen in der Praxis umzusetzen und einen qualitativen Einblick in die Forschung zu erhalten. Zu den unterstützenden Organisationen gehören beispielsweise verschiedene Stiftungen und Fonds, die ihre Tätigkeit zur Forschung ausrichten.
Das NIS setzt sich aus verschiedenen Clustern und regionalen Innovationssystemen zusammen. Ihre Zusammenarbeit ist verantwortlich für die Innovationsfähigkeit, den Wettbewerb des Landes und für den ökonomischen Erfolg der gesamten Nation. Hierbei sind insbesondere verschiedene Indikatoren aus der Wirtschaft und sozialen Bereichen zu nennen.
Jedes NIS besitzt in den verschiedenen Bereichen der FuE eine Vielzahl von Kontakten mit anderen Ländern. Hierzu zählen unterschiedliche internationale Projekte der Forschungseinrichtungen und die Arbeit international agierender Unternehmen. Dies alles formt

---
[30] Hotz-Hart (2001), S. 123.
[31] ebd., S. 148.
[32] ebd.
[33] Vgl. ebd., S. 151; OECD (1999), S. 23.

ein globales Innovationssystem, das auch allgemein Einfluss auf die NIS ausübt.

Abbildung 7: Bausteine des Innovationssystems

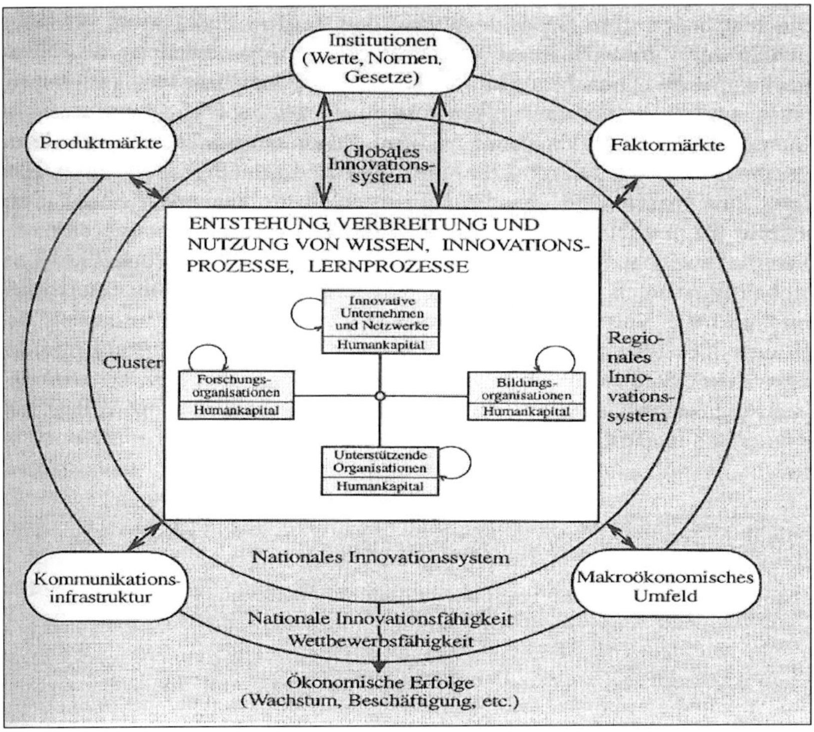

Quelle: Hotz-Hart/Reuter/Vock (2001), S. 151.

Zusammenfassend lässt sich sagen, dass das NIS die gesamte Beziehung zwischen Akteuren eines Landes, die am Innovationsprozess beteiligt sind, enthält.[34]

Das Konzept „Nationales Innovationssystem" wurde in der wissenschaftlichen Literatur seit Ende der 1980er Jahre entwickelt. Seitdem entstand eine ganze Reihe von Publikationen.[35] Bei Freeman (1987, 1995, 1998), Lundvall (1992) und Nelson (1993) wurde dieses Konzept

---

[34] Vgl. Weissenberger-Eibl/Koch (2007), S. 36; Hotz-Hart (2001), S. 123.
[35] Vgl. Schlossstein/Joseph Yun, (2008), S. 114.

analysiert und weiter entwickelt.[36] Freeman beschreibt auf der einen Seite den Zusammenhang zwischen dem Innovationsprozess und den Diffusionen neuer Technologien und auf der anderen Seite zwischen rechtlichen, ökonomischen und sozialen Institutionen eines Landes.[37] Außerdem definiert er den Begriff. Für ihn ist das NIS:

„The network of institutions in the public and private sector whose activities and interaction initiate, import, and diffuse new technologies."[38]

Lundvall etabliert das NIS-Konzept und unterscheidet wichtige, grundlegende Elemente eines NIS.[39] Nelson beschreibt die institutionelle Gestaltung der Innovationssysteme von 15 Ländern.[40] Ein anderer Wissenschaftler, Kaiser, erklärt in seinem Buch „Innovationspolitik" (2008) die wichtigsten Ansätze des nationalen Innovationssystems wie Bildung- und Forschungssystem, Finanz- und Regulierungssystem, und ihre Abläufe **(siehe Abb. 8)**. Hierfür ist der Zusammenhang zwischen Wissens- und Technologieproduzenten und Wissens- und Technologieanwendern mit den Bestandteilen des NIS wichtig. Unter den Bestandteilen des NIS versteht Kaiser den Businesssektor, das Finanzsystem, das Regulierungssystem, das Bildungssystem und das Forschungssystem. Diese Bereiche werden durch die Innovationspolitik reguliert.

Der Zusammenhang von Produzenten und Anwendern mit dem Businesssektor basiert auf Kapital, Wissen und technischen Ressourcen. Durch das Finanzsystem erhalten Produzenten und Anwender Zugang zum Kapital, das sie für ihre Ausarbeitung der Innovationen benötigen. Das Regulierungssystem sorgt für entsprechende Normen und Regulierungen im jeweiligen Land. Das Bildungssystem stellt Wissen und Humanressourcen für alle Bereich des NIS zur Verfügung. Das Forschungssystem ist verantwortlich für das Wissen, die Humanressourcen und die technischen Ressourcen. Abbildung 8 zeigt, dass alle Bestandteile des NIS durch diese Abläufe eng mit den Wissens- und Technologieproduzenten sowie den Wissens- und Technologieanwendern verbunden sind. Ein effektives NIS kann nicht ohne Beziehungen zwischen seinen Akteuren entstehen. Jeder Bestandteil des NIS ist mit den anderen Bestandteilen eng verbunden. So haben Fehler eines Akteurs sofort Auswirkungen auf das gesamte NIS.

---

[36] Vgl. Keiser (2008), S. 49.
[37] Vgl. Erber/Hagemann (2008), S. 96.
[38] Belitz/Schrooten (2008), S. 6.
[39] Vgl. Blätter-Mink (1995), S. 5 ff.
[40] Vgl. Erber/Hagemann (2008), S. 97.

Beispielsweise hat eine mangelhafte Vorbereitung neuer Spezialisten durch fehlende Qualität sofort auch Auswirkungen auf das Forschungssystem.

Abbildung 8: Abläufe des Innovationssystems

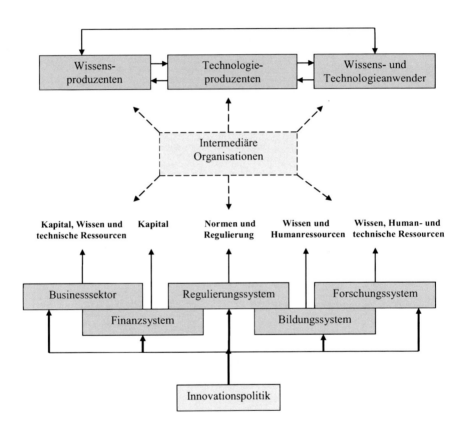

Quelle: Eigene Darstellung in Anlehnung an Kaiser (2008), S. 49.

Alle relevanten Begriffe für nationale Innovationssysteme wurden von Jorge Niosi, Professor of Management and technology (2002), zusammengefasst **(siehe Abb. 9).**

Abbildung 9: Zusammenfassung der wichtigsten Begriffe des Innovationssystems

„(...) The network of institutions in the public- and private-sectors whose activities and interactions initiate, import, modify and diffuse new technologies" (Freeman, 1987).

„(...) The elements and relationships which interact in the production, diffusion and use of new, and economically useful knowledge... and are either located within or rooted inside the borders of a nation state" (Lundvall, 1992).

„(...) The set of institutions whose interactions determine the innovative performance of national firms" (Nelson and Rosenberg, 1993).

„(...) The national system of innovation is constituted by the institutions and economic structures affecting the rate and direction of technological change in the society" (Edquist and Lundvall, 1993).

„(...) A national system of innovation is the system of interacting private and public firms (either large or small), universities, and government agencies aiming at the production of science and technology within national borders. Interaction among these units may be technical, commercial, legal, social, and financial, in as much as the goal of the interaction is the development, protection, financing or regulation of new science and technology" (Niosi et al., 1993).

„(...) The national institutions, their incentive structures and their competencies, that determine the rate and direction of technological learning (or the volume and composition of change generating activities) in a country" (Patel and Pavitt, 1994).

„(...) That set of distinct institutions which jointly and individually contribute to the development and diffusion of new technologies and which provides the framework within which governments

> form and implement policies to influence the innovation process. As such it is a system of interconnected institutions to create, store and transfer the knowledge, skills and artefacts which define new technologies" (Metcalfe, 1995).

Quelle: Zitiert nach Niosi, J. (2002), S. 291-302.

Gegenwärtig versteht man in der Literatur die Innovationssysteme nicht nur räumlich begrenzt, wie bei supranationalen, nationalen und subnationalen (regionalen, lokalen) Innovationssystemen, sondern auch in den Wirtschaftsbereichen als sektorale und technologische Systeme.[41]

Unter einem supranationalen Innovationssystem versteht man ein globales Innovationssystem. Die nationalen Innovationssysteme sind dagegen auf eine Nation begrenzt. Das regionale Innovationssystem beschränkt sich auf eine Region und das lokale auf einen Ort.

Im Rahmen der Globalisierung sind die NIS aufgrund ausländischer Investitionen multinational agierender Unternehmen in Bezug auf Informationstechnologien und Kommunikationsmöglichkeiten offener geworden. In letzter Zeit wird dieser Prozess beschleunigt.[42]

---

[41] Vgl. Strambach/Storz (2008), S. 144.
[42] Vgl. Erber/Hagemann (2008), S. 97.

3. Entwicklung des Innovationsprozesses in Russland

Die Etablierung eines gut funktionierenden, nationalen Innovationssystems hängt vom Wachstum der Volkswirtschaft und der allgemeinen Wettbewerbsfähigkeit des Landes auf internationaler Ebene ab.[43] Die Entwicklung des Innovationsprozesses in einem Land ist dagegen von verschiedenen Faktoren abhängig. Hierbei spielen die allgemeinen Bedingungen des Landes wie Klima, Rohstoffvorkommen und geografische Lage eine wichtige Rolle.

Die historischen Voraussetzungen und die politische Situation im Land sind letztendlich aber die entscheidenden Merkmale für den Aufbau eines NIS. Sie bestimmen die Richtung und Geschwindigkeit der Entwicklung eines NIS und formen das Innovationsklima im jeweiligen Land.

Im vorliegenden Kapitel werden zunächst allgemeine Informationen über Russland zusammengefasst und notwendige Rahmenbedingungen für Innovationen betrachtet. Danach werden die historischen Voraussetzungen bezüglich der Veränderungen in den verschiedenen sozialen Bereichen aufgezeigt. Diese Voraussetzungen hatten einen großen Einfluss auf die Etablierung eines nationalen Innovationssystems. Am Ende des Kapitels wird über die

---

[43] Vgl. Weissenberger-Eibl/Koch (2007), S. 48.

Organisation und die Struktur des russischen Innovationssystems berichtet.

3.1. Steckbrief Russlands

Größe des Landes. Russland ist das größte Land der Welt und Nachfolgestaat der UdSSR. Seine Fläche beträgt 17.098.200 km², [44] was ungefähr 48x die Fläche von Deutschland mit 357.000 km² beträgt. Russland liegt im östlichen Teil Europas und im nördlichen und östlichen Teil von Asien.

Währung. Die russische Währung ist der Russische Rubel (Rub.). Ein Euro entspricht 41,7744 Rubel.[45]

Bevölkerung. Die Anzahl der Bevölkerung im Jahr 2010 betrug ca. 142 Millionen, wobei 74% in Städten und 26% auf dem Land leben.[46] Die Bevölkerung Russlands vermindert sich ständig. Der natürliche Schwund ist in den letzten Jahren auf ca. 240.000/Jahr zurückgegangen.[47] Anfang 2000 waren es noch mehr als 800.000/Jahr.[48] Die offiziellen russischen Statistiken von 2011 zeigen, dass die Ursachen der hohen Raten des Bevölkerungsrückgangs niedrige Geburtenraten und Krankheiten, wie Neoplasien (Sterblichkeit: 205 pro 100.000/Einwohner) und Krankheiten des Kreislaufsystems (Sterblichkeit: 789 pro 100.000/Einwohner) sind.[49] Die Sterberate bei einer Alkoholvergiftung liegt dagegen nur bei 10 Sterbefällen pro 100.000/Einwohner. Sie ist etwa halb so hoch wie bei Selbstmorden oder bei Unfällen.[50] Diese Statistik passt nicht zu einem Land, dessen Image es ist, dass Alkoholismus sehr weit verbreitet sei.

Bevölkerungsstruktur. Russland ist ein Vielvölkerstaat.[51] Entsprechend des statistischen Wertes der letzten Volkszählung 2010 leben in Russland ca. 200 Volksgruppen.[52] Die Mehrheit der

---

[44] Vgl. Rossija i strany mira (2010), S. 5.
[45] Stand vom 29.11.2011.
[46] Vgl. Russia in figures - 2011, S. 15.
[47] Vgl. ebd., S. 16.
[48] Vgl. ebd.
[49] Vgl. ebd., S. 48.
[50] Vgl. ebd.
[51] Vgl. Kappeler (2008), S. 9 ff.; Ritter (2009), S. 4.
[52] Rosstat ist ein Föderaler Dienst für staatliche Statistik. Die offizielle Seite ist www.gks.ru (auch auf Englisch), (Stand: 21.11.11).

Bevölkerung besteht mit fast 80% aus Russen, danach kommen Tataren mit ca. 3,8 %, Ukrainer mit ca. 1,5 %, Armenier, Tschuwaschen, Deutsche und andere Bevölkerungsgruppen.[53]

Gliederung. Russland besteht aus 83 Föderationssubjekten: 21 Republiken (sie haben eine eigene Verfassung und Gesetzgebung), 9 Regionen (Kraj), 46 Gebieten (Oblast), 2 Städten mit föderalem Rang (Moskau und Sankt-Petersburg), 1 autonomen Gebiet (Avtonomnaja Oblast) und 4 autonomen Kreisen (Avtonomnij Okrug).[54] Die Föderationssubjekte haben einen unterschiedlichen Autonomiegrad und sind wiederum in 8 Föderationskreisen zusammengefasst. Zu den Föderationskreisen gehören Zentralrussland, Nordwestrussland, Südrussland, Sibirien, Fernost, Ural, Wolga und der Nordkaukasus seit 2010 **(siehe Anhang 1).**
Die Föderationskreise bilden eine zusätzliche Verwaltungsstruktur, deren Vertreter durch den Präsidenten Russlands ernannt und persönlich bevollmächtigt werden und dementsprechend eine Kontrolle über die Föderationssubjekte und deren Oberhäupter ausüben sollen. In seiner Amtszeit ernannte Putin sieben Föderationskreise, denen die Föderationssubjekte zugeordnet wurden.

Staat und Politik. In der Verfassung Russlands vom 12. Dezember 1993 ist das politische System festgeschrieben worden.[55] Russland hat ein gemischt präsidial-parlamentarisches Regierungssystem, ein sogenanntes semipräsidentielles Regierungssystem mit einer dominanten Partei, der „Jedinaja Rossija", das auf Deutsch „Einiges Russland" bedeutet. Von 2008 bis 2012 war der Vorsitzende Ministerpräsident Wladimir Putin.[56] Der russische Präsident war Dimitri Medwedew (von 2008 bis 2012). Die Dauer seiner Amtszeit betrug 4 Jahre.
Auf Vorschlag des ehemaligen Kremlchefs, Dimitri Medwedew, wurde im Jahre 2008 die Amtszeit des Präsidenten von 4 auf 6 Jahre verlängert und die Duma nicht mehr für einen Zeitraum von 4, sondern für 5 Jahre gewählt.

Legislative: Die Legislative - gesetzgebende Gewalt - liegt bei der Föderationsversammlung, die „Russisches Parlament" genannt wird.[57]

Die Versammlung besteht aus zwei Kammern:

---

[53] Offizielle Seite der Volkszählung 2010. Im Internet: http://www.gks.ru/free_doc/new_site/perepis2010/perepis_itogi1612.htm (Stand: 21.11.11).
[54] Vgl. Konstituzija Rossijskoj federazii, Stat'ja 65.
[55] Vgl. Die Verfassung Russlands wurde angenommen mit der Volksabstimmung vom 12.12.1993.
[56] Stand: 29.11.2011.
[57] Vgl. Konstituzija Rossijskoj federazii, Stat'ja 94.

1. Vertretern des Volkes - **der Staatsduma** (untere Kammer) mit 450 Sitzen. Die Legislaturperiode der Staatsduma beträgt 5 Jahre. Bei Parlamentswahlen werden die Abgeordneten gewählt. Die Verfassungsmehrheit in der Duma hält die Partei „Einiges Russland" mit fast 53%[58] unter ihrem Duma-Präsidenten Sergei Naryschkin.
2. Vertretern der Föderationssubjekte - **Föderationsrat** (obere Kammer) mit 166 Sitzen.

Die Mitglieder des Föderationsrates stammen aus den territorialen Verwaltungseinheiten, den Föderationssubjekten. Jede der 83 Regionen entsendet 2 Mitglieder. Ein Mitglied stammt aus der Legislative und eines aus der Exekutive. Seit der Reform im Jahr 2000 werden die Oberhäupter der Exekutive und der Legislative als Mitglieder des Föderationsrates immer mehr durch speziellere Vertreter der Regierung ersetzt.

Der Präsident hat die Befugnisse, erlassene Gesetze sowohl zu bestätigen als auch per Veto zu blockieren.

Exekutive: Die Exekutive als vollziehende Gewalt wird von der Regierung der Russischen Föderation ausgeübt.[59] Oberhaupt ist der Premierminister (Ministerpräsident). Er wird auf Vorschlag des Präsidenten spätestens nach drei Abstimmungen von der Duma bestätigt. Ansonsten lässt der Präsident die Duma per Erlass auflösen und Neuwahlen anordnen.

Allgemein setzt sich die Russische Regierung neben dem Ministerpräsidenten als Regierungschef noch aus seinen Stellvertretern, den so genannten Vizepremiers (Vize-Ministerpräsidenten), sowie aus den Ministern zusammen. Die staatliche Exekutive ist der Regierung untergeordnet. Sie besteht aus föderalen Agenturen, Diensten und Ministerien.

Judikative: Die Judikative - rechtsprechende Gewalt - besteht aus Verfassungsgerichten, dem Obersten Gerichtshof und dem Obersten Schiedsgericht. Ihre Richter werden vom Föderationsrat auf Vorschlag des Präsidenten bestätigt. Die Kompetenzen, die Verfahren und die Bildung des Verfassungsgerichts der Russischen Föderation werden durch die Verfassung und das föderale Verfassungsgesetz „Über das Verfassungsgericht der Russischen Föderation", geregelt. Die ordentliche Gerichtsbarkeit ist dem Obersten Gerichtshof, die Schiedsgerichtsbarkeit dem Obersten Schiedsgericht untergeordnet.

Wirtschaft. Große Finanz- und Industriekonzerne üben eine starke Dominanz aus und kontrollieren die russische Wirtschaft. Die Konzerne sind durch Privatisierung entstanden und

---

[58] Vgl. http://www.duma.gov.ru/ (Stand: 10.11.11).
[59] Vgl. Konstituzija Rossijskoj federazii, Stat'ja 110-117.

können sich durch ihre Gewinne aus den Kerngeschäften (Öl, Gas, Metall) ständig vergrößern. Dies führt zu einer Monopolisierung und Oligopolisierung der Märkte. Es bestehen bis jetzt gefestigte Strukturen wie eine nicht konkurrenzfähige Produktion von Konsumgütern oder eine Abhängigkeit einzelner Gebiete von Großunternehmen aus Sowjetzeiten.

Die Rüstungsindustrie und die Schattenwirtschaft spielen in Russland noch immer eine entscheidende Rolle. Die Schattenwirtschaft macht nach ungefähren Schätzungen einen Anteil von 15-45% des BIP[60] aus und besteht aus Schwarzgeldzahlungen an Mitarbeiter, aus Manipulationen bei Offshore-Firmen, Steueroptimierungen und Falschdeklarationen beim Import/Export.[61]

Entsprechend den Angaben der Rosstat betrug das russische BIP im Jahr 2010 insgesamt ca. 44.939 Mrd. Rub. und ist daher in den letzten 10 Jahren stabil geblieben. Eine Ausnahme bildet das Jahr 2009, in dem die Kennziffern sehr stark gesunken waren. Dies lag allerdings an der allgemeinen weltweiten Finanzkrise.[62] Das BIP pro Kopf betrug im Jahr 2010 314.395 Rub. Anhand anderer Statistiken des International Monetary Fund[63] war die Prognose für 2011 ein BIP von 1,884.903 US $ und pro Kopf ein BIP von 13,235.633 US $. Im Jahr 2012 soll das BIP 2,117.245 US $ und pro Kopf 14,918.141 US $ betragen. Die Berechnungen der russischen Statistiken für 2011 liegen noch nicht vor.

Seit 1999 liegt das Wachstum durchschnittlich bei 7%. Aufgrund der Schattenwirtschaft ist das Wachstum allerdings noch höher als in den offiziellen Daten aufgeführt. Insbesondere Metropolen wie St. Petersburg und Moskau profitieren von der Wirtschaft sehr stark. Im Jahr 2011 gab es ein Wachstum von nahezu 5%. Antrieb des Wachstums sind Bereiche wie die Baubranche, die Chemie-, Erdgas-, Öl- und Stahlindustrie.[64]

Russland kämpft ständig mit der hohen Arbeitslosigkeit. Problematisch ist auch das Einkommen der Bevölkerung. Diese gesamte Situation ist ein Nährboden für Korruption, von der ganz Russland sehr stark betroffen ist. Die Inflationsrate betrug 2010 außerdem 8,8 %.[65] Ursächlich hierfür sind die sozialistische Vergangenheit des Landes und die damalige wirtschaftliche Krise. Dabei spielt der noch nicht abgeschlossene Umbauprozess der wirtschaftlichen Strukturen und letztendlich die Etablierung des sog. „Räuberkapitalismus" und der „Vetternwirtschaft" eine zentrale Rolle. Hinzu kommt noch eine gewisse Instabilität der sozialen Sphäre im Land.

---

[60] Vgl. Exportbericht Russland (2011), S. 8.
[61] Vgl. ebd.
[62] Vgl. Russia in figures - 2011, S. 7 f.
[63] Vgl. International Monetary Fund: *World Economic Outlook Database*, September 2011.
[64] Vgl. Exportbericht Russland (2011), S. 8.
[65] Vgl. Russland-Analysen Nr. 213 (2011), S. 22.

Im Jahr 2009 bekam allerdings auch Russland die Wirtschaftskrise zu spüren. In diesem Jahr gab es entgegen dem Trend ein Negativwachstum von -7,9%. Mittlerweile hat sich die Wirtschaft Russlands aber wieder erholt. Dies verdeutlichten insbesondere die steigende Zahl von Exporten, eine stärkere Nachfrage aus China und eine Aufwertung des Rubels.[66]

3.2. Geschichte als Beeinflussungsfaktor für die Bildung des russischen Innovationssystems

Jedes Land besitzt eigene historische Wurzeln, die die Entwicklung beeinflussen und maßgeblich für den Platz in der internationalen Gemeinschaft sind. Beispielsweise leidet eine Vielzahl von Ländern aus dem ehemaligen Ostblock wegen der früheren Planwirtschaft bis heute an einer mangelhaften Infrastruktur und hat dementsprechend auch einen wirtschaftlichen Nachholbedarf. Seit dem Zusammenbruch der UdSSR sucht Russland nun seinen eigenen Weg. Dieser enthält verschiedene Etappen. Das beeinflusst die Entwicklung des gesamten Landes genauso wie die Entwicklung eines NIS.

Im vorliegenden Kapitel wird die historische Entwicklung Russland bezüglich des RIS dargestellt und ihre Analyse durchgeführt.

3.2.1. Der Zusammenbruch des kommunistischen Systems

Als Michail S. Gorbatschow Generalsekretär der Sowjetunion wurde, hat er seine Politik mit Reformen begonnen, die mit den Worten „Perestroika" (Übersetzung: Umbau) und „Glasnost" (Übersetzung: Offenheit) bezeichnet wurden. Diese Periode dauerte von 1985 bis 1991. Die Reformen waren zu diesem Zeitpunkt eine Notwendigkeit. Die enormen Ausgaben in der Rüstungsindustrie führten zu einer mangelhaften staatlichen Finanzierung in anderen Sektoren der UdSSR. Die kommunistische Planwirtschaft konnte die Bedürfnisse der Bevölkerung nicht mehr decken. Es gab ständig Defizite an Alltagswaren. Deswegen stieg die Unzufriedenheit in der Bevölkerung. Mehr und mehr Stimmen verurteilten die kommunistische Ordnung. Mit Michail S. Gorbatschow verbanden viele die Möglichkeit, Reformen durchzusetzen und mehr Freiheit sowie eine demokratische Neuorganisation des Staates zu erreichen. Die radikalen Neustrukturierungsprozesse führten zum Zusammenbruch der UdSSR und der Auflösung des sowjetischen Staates.[67] Dies geschah nicht nur wegen des ideologischen Versagens, sondern war

---

[66] Vgl. ebd.
[67] Vgl. Goncarenko (2009), S. 74.

auch das Ergebnis einer Wirtschaftskrise. Nach dem Zweiten Weltkrieg erlebte die russische Wirtschaft einen Aufschwung, der allerdings seit ca. 1955 wieder abzunehmen begann. Die Tendenzen der Krise konnte man bereits Ende der 1960er Jahre beobachten. In dieser Zeit sind z.B. das Volkseinkommen und die Wachstumsrate des BIP zurückgegangen. Besonders stark sank das BIP im Jahre 1961. Danach erholte sich der Verlauf wieder etwas, bevor 1979 erneut ein Rückgang verzeichnet wurde **(siehe Abb. 10)**.[68]

Abbildung 10: Wachstumsraten des sowjetischen BIP in %, 1951-1980

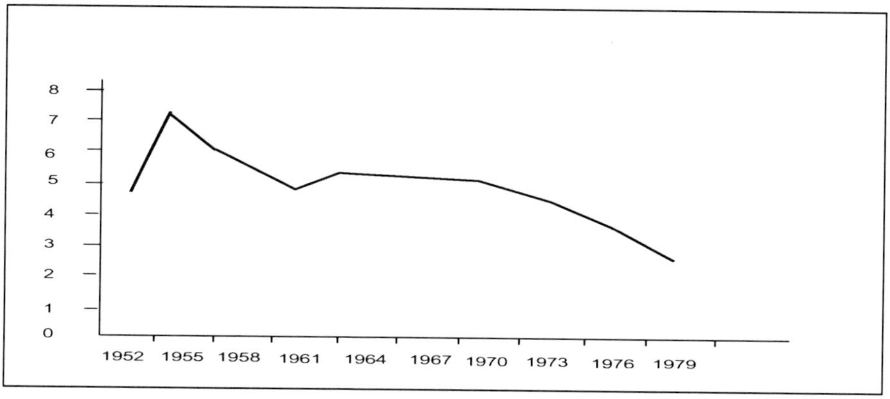

Quelle: Castells (2003), S. 25.

Trotz dieser bereits vorhandenen Krise wurde in den Berichten der Sowjetischen Akademie der Wissenschaft und dem Bericht „The US National Council for Science and the Environment" zum Ende der Ära der Sowjetunion die UdSSR in vielen Bereichen der Wirtschaft mit den USA verglichen. Im Laufe der Jahre 1930-1970 hatte der sowjetische Staat ein großes wissenschaftliches und technologisches Potenzial auf höchstem Niveau entwickelt. Dies zeigt, dass die UdSSR 1990 noch auf der gleichen Ebene mit den OECD-Ländern Frankreich und Groß-Britannien stand **(siehe Tab. 1)**.[69]

---

[68] Vgl. Castells (2003), S. 6 ff.
[69] Vgl. Cabral-Cardoso/Oglobina/Faria (2002), S. 138 f.

Tabelle 1: Selected indicators of R&D intensity in USSR and OECD countries in 1990

Country	GERD US$ Million	GERD as % of GDP	% of GERD Financed by Industry	% of GERD Financed by Government	Total R&D Personnel Full-Time Equivalent	Total R&D Personnel Per Thousand Labour Force
1	2	3	4	5	6	7
United states	149 255.0	2.77	50.6	47.1	N/A	N/A
Japan	62 865.0	2.88	77.9	16.1	749337	12.4
Germany	31 585.3	2.73	62.0	35.1	431 100	14.2
France	23 768.4	2.42	43.5	48.1	293 031	12.0
United Kingdom	20 178.3	2.22	49.5	35.8	277 800*	9.8*
Soviet Union	17 999.0**	2.03	29.0***	62.3***	1 943 400	N/A
Italy	11 964.3	1.30	43.7	51.5	144 917	5.9
Canada	7 299.3	1.44	41.3	44.3	111 990****	8.2****
Netherlands	4 826.8	2.06	51.1	45.1	68 170	9.9
Spain	3 888.8	0.85	47.4	45.1	64 934	4.2
Switzerland*****	3 821.9	2.86	74.5	22.6	50 250	14.2
Sweden*****	3 662.9	2.54	58.2	38.4	54 200	11.9
Australia*	3 153.5	1.25	41.6	54.3	64 041	8.1
Belgium	2 751.5	1.69	70.4	27.6	36 779	9.3
Austria	1 796.7	1.40	53.2	44.3	3 084*****	6.7*****
Finland	1 541.8	1.87	62.2	35.3	28 516*****	11.0*****
Denmark	1 444.4	1.59	46.8	45.5	25 800	8.9
Norway	1 318.5	1.83	43.3	50.9	20 271	9.5
Turkey	885.7	0.47	27.7	71.2	16 375	0.8
Portugal	501.8	0.61	27.0	61.8	12 043	2.5
Ireland	388.8	0.90	60.0	29.0	8 592*	6.6*
Greece*****	336.3	0.47	19.4	68.9	9 586	2.4
Iceland	43.7	1.03	23.9	65.8	1 188	9.3

Source: OECD/EAS data bank; Centre for Science Research and Statistics. Ministry of Science and Technological Policy of Russian Federation and Russian Academy of Sciences. N/A = not available.
* 1988
** million ECUs
***1994
****1989
*****1991

Quelle: Cabral-Cardoso/Oglobina/Faria (2002), S. 139.

Die UdSSR war ein sozialistischer Staat mit zentralistisch regierender Einheitspartei. In der Planungswirtschaft wurden starke ideologische und politische Ziele geprägt. Insbesondere konnte man eine „antikapitalistische" Ausrichtung der UdSSR beobachten. Diese Merkmale haben auch die sowjetische Wissenschaft geprägt. Sie hat ihre Produktion stark an der Verteidigungsaufgabe, dem so genannten „industrial-military complex", orientiert. Der Staat hat eine staatliche Finanzierung, eine starke Kontrolle und eine Planung eingesetzt.[70] Die UdSSR war sehr

---
[70] Vgl. Füllsach (2003), S. 193 ff.

konkurrenzfähig in den Bereichen der theoretischen Physik, Nukleartechnologie und führend in der Raumfahrt.[71] Später hat dieses Erbe der Sowjetunion eine sehr große Rolle als Basis zum Aufbau russischer Innovationssysteme gespielt.

Der Umbruch in der Sowjetunion hat den Rückgang der Rüstungsindustrie, der Leichtindustrie und des Maschinenbaus bewirkt. Als Folge brachen die wissenschaftlichen Netzwerke mit den ehemaligen sowjetischen Republiken und Ländern des Ost-Blocks zusammen. Dies führte zu einem katastrophalen Zustand des FuE-Sektors.[72]

3.2.2. Die ersten Jahre nach dem Zerfall der UdSSR

Nach den misslungenen Reformen von Michail S. Gorbatschow befand sich die russische Wirtschaft in einer Krise. Diese Periode fiel in die Zeit der Regierung von Boris N. Jelzin als erstem Präsidenten Russlands (1991-1999). In dieser Zeit hat sich die allgemeine Situation deutlich verschlechtert. Viele ökonomische Indikatoren sind gesunken. Die russische Wissenschaft befand sich in einem schlechten Zustand. Die Investitionen im Bereich FuE sind 1999 um mehr als 2% des BIP auf 1% gesunken. Die Länder der OECD hatten einen durchschnittlichen Wert von 2,3%. Zu dieser Zeit hat man erstmals über „The innovation Gap in Russia"[73] nachgedacht **(siehe Abb. 11).**

Abbildung 11: Global R&D expenditures as a percentage of GDP, 1990-1999

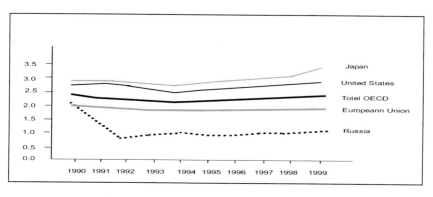

Quelle: OECD (2001; 2), S. 8.

---

[71] Vgl. Cervantes/Malkin (2009), S. 10.
[72] Vgl. Goncarenko (2009), S. 74.
[73] OECD (2001; 2), S. 8.

Die Anzahl der Organisationen, die FuE thematisieren, hat sich ebenso wie deren Personal in den Jahren 1992-2000 verringert **(siehe Tab. 2-3).**

Tabelle 2: Research and development organizations until 2000

	1992	1994	1995	1996	1997	1998	1999	2000
Total	**4555**	**3968**	**4059**	**4122**	**4137**	**4019**	**4089**	**4145**
of which:								
research organizations	2007	2166	2284	2360	2528	2549	2603	2733
design offices	865	545	548	513	438	381	360	320
designing and surveying organizations	495	297	207	165	135	108	97	91
experimental plants	29	19	23	24	30	27	30	29
higher education institutions	446	400	395	405	405	393	387	395
industrial enterprises	340	276	325	342	299	240	289	266
others	303	265	277	313	302	321	323	311

Quelle: Russia in figures - 2001, S. 266.

Tabelle 3: Research and development personnel until 2000 (at the end of the year; thou. persons)

	1992	1994	1995	1996	1997	1998	1999	2000
Total	**1532.6**	**1106.3**	**1061.0**	**990.7**	**934.6**	**855.2**	**872.4**	**910.4**
of which:								
researchers	804.0	525.3	518.7	484.8	455.1	417.0	420.2	436.2
technicians	180.7	115.5	101.4	87.8	80.3	74.8	72.4	74.9
auxiliary personnel	382.2	291.3	274.9	260.0	244.9	220.1	235.8	246.9
others personnel	165.7	174.1	166.1	158.1	154.3	143.3	143.9	152.3

Quelle: Russia in figures - 2001, S. 266.

Die Struktur der Finanzierung der FuE hat sich verändert. Der Anteil an Haushaltsfonds ist von 60,5% im Jahr 1995 bis auf 49,9% im Jahr 1999 gesunken. Allerdings ist im gleichen Zeitraum ein Teil ausländischer Fonds um das Vierfache gestiegen **(siehe Abb. 12).**[74]

---

[74] Vgl. Russia in figures - 2001, S. 266 ff.

Abbildung 12: Structure of research and development intramural expenditure by sources of finance (percentage)

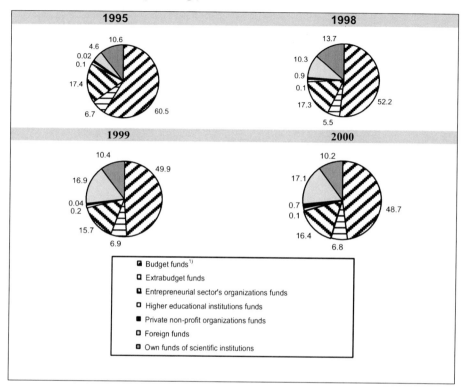

[1] Including budgetary allocations for maintenance of higher education institutions (1995, 1998 - 0,3%; 1999, 2000 - 0,1%) and funds of state organizations (1995 - 13.3 %, 1998 - 11.7 %, 1999 - 13.4 %, 2000 - 12%).

Quelle: Russia in figures - 2001, S. 272.

In den 1990er Jahren spricht man zum ersten Mal über das sog. „Braindrain". Die Länder, in die die meisten russischen Wissenschaftler emigrierten, waren die USA, Deutschland, Israel und Kanada.[75]

In dieser Zeit gab es keine Stabilität in sämtlichen Bereichen des russischen Lebens. Es existierte eine verbrecherische Privatisierung staatlichen Eigentums, monatelang einbehaltene Löhne, überall herrschende Korruption und zudem eine stark verarmte Bevölkerung. Die Reichen waren

---

[75] Vgl. Cervantes/Malkin (2009), S. 10.

nur eine kleine Gruppe von Oligarchen. Dies hat am 17. August 1998 zur bisher größten Finanzkrise geführt, in deren Folge der Rubel (russische nationale Währung) drastisch abgewertet wurde.

3.2.3. Wirtschaftliche Entwicklungstendenzen zur Zeit Putins

Ende 1999 - Anfang 2000 war ein Wendepunkt in Russland. Zu dieser Zeit hatte eine Periode der Postkrise begonnen. Die Regierung Putins (2000 - 2008) hat ein Reformpaket in verschiedenen Bereichen wie Recht, Wirtschaft und Soziales verabschiedet. Seitdem fand ein wirtschaftliches und industrielles Wachstum statt. Das kann anhand eines steigenden BIP, steigender Industrieproduktion und zurückgegangener Quoten der Arbeitslosigkeit beobachtet werden **(siehe Anhang 2)**.[76] Trotz aller Versuche der Regierung verbesserte sich diese Situation in Russland nur sehr langsam.[77] Die Gründe dafür waren verschieden. Zuerst wurde der Übergang von der Plan- zur Marktwirtschaft zu schnell vollzogen, sodass viele staatliche Strukturen sich noch nicht umstellen konnten. Zu nennen ist hier u. a. das Bildungssystem. Noch in den 1990er Jahren gab es in den Schulen Bücher, die zur Zeit der UdSSR gedruckt wurden und kommunistische Propaganda enthielten. Auch die Hochschulen konnten innerhalb so kurzer Zeit ihre Kursinhalte nicht anpassen. Im Bereich der Wirtschaft hatten viele staatliche Unternehmen Probleme mit der Umstellung. Sie haben zum einen ihre Lieferanten und Kunden durch den Zerfall der UdSSR verloren und zum anderen wurde die Struktur ihrer Finanzierung verändert. Es gab keine gesamtstaatliche Finanzierung mehr. Diese gesamte Entwicklung wurde mitverursacht durch die Tatsache, dass die Regierung noch keine Erfahrung mit der Marktwirtschaft besaß und daher dringend entsprechende Spezialisten zur Behebung der Probleme benötigte.

Putins Reformen betrafen alle Bereiche der FuE-Sektoren. Die Regierung verabschiedete eine neue Innovationspolitik. Es wurden erste föderale Programme angekündigt, die zum Ziel hatten, das RIS wieder aufzubauen. Die innere Organisation der FuE-Einrichtungen wurde umstrukturiert und modernisiert. Im Bildungssystem wurden viele private Universitäten gegründet. Die staatlichen Hochschulen haben ihre Programme bearbeitet und für Studenten neue, dem internationalen Niveau angepasste Kurse angeboten. Die Regierung bereitete Gesetze und Normen vor, die die Innovationstätigkeit regeln sollten. Weitere Probleme waren, dass der

---

[76] Vgl. Russia in figures - 2008, S. 35.
[77] Vgl. Gorfinkel'/Cernysov (2008), S. 11 ff.

Businesssektor nicht in der Lage war, den Prozess der Innovationserzeugung mitzuteilen. Außerdem gab es eine instabile Finanzierung der staatlichen FuE-Einrichtungen aus dem Haushalt. FuE-Institutionen mussten große Anstrengungen unternehmen, um sich an die neuen ökonomischen Gegebenheiten anzupassen und unter diesen ungünstigen finanziellen Bedingungen zu überleben.[78] Das Niveau der Investitionen in den Innovationen war von 2000 bis 2005 niedrig und instabil. Die höchste Ausgabe dieser Periode betrug 1,91% im Jahre 2002 und die niedrigste 1,32% im Jahre 2005 (**siehe Abb. 13**).[79]

Abbildung 13: Expenditures on innovation in 2000-2005, % of turnover

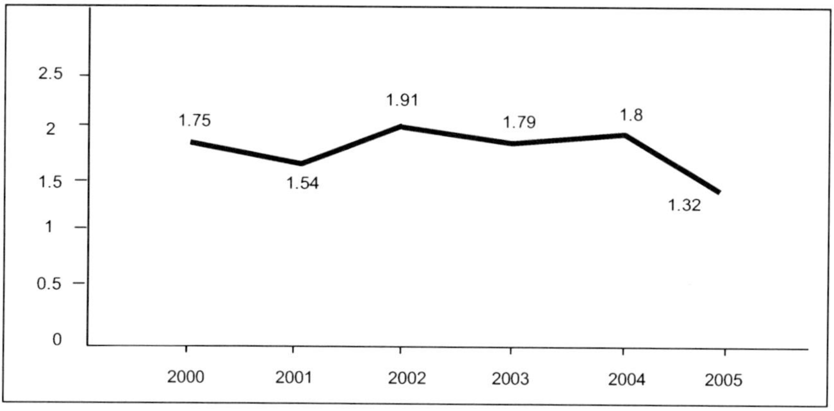

[Liniendiagramm: 2000: 1.75; 2001: 1.54; 2002: 1.91; 2003: 1.79; 2004: 1.8; 2005: 1.32]

Quelle: European Commission (2007), S. 13.

Diese Periode wird allgemein die „Zeit der Änderungen" genannt. Im Bereich der Lebensqualität gab es allerdings Verbesserungen. Für die Bevölkerung entstand die Hoffnung auf eine Zukunftsperspektive. In diesen Jahren zeigten viele ausländische Unternehmen ein stärkeres Interesse an der russischen Wirtschaft. Mehrere internationale Konzerne gründeten in Russland ihre Tochterunternehmen, KMU aus europäischen Ländern versuchten durch JVs mit russischen Partnern den Markt zu bearbeiten. In dieser Periode ist insgesamt die Anzahl der ausländischen Direktinvestitionen in Russland stark gestiegen.

---

[78] Vgl. Cabral-Cardoso/Oglobina/Faria (2002), S. 138 ff.
[79] Vgl. European Commission (2007), S. 13.

3.2.4. Medwedew als russischer Präsident

Im März 2008 wurde Dimitri Medwedew, ehemaliger Leiter und Vorsitzender des Aufsichtsrats beim führenden russischen Erdgaskonzern Gazprom, als Nachfolger Putins zum russischen Präsidenten gewählt. Putin wurde Ministerpräsident.

In der Periode von Medwedews Regierung hat sich die wirtschaftliche Situation Russlands weiter verbessert, das kann man anhand sozial-wirtschaftlicher Indikatoren beobachten (**siehe Anhang 3**). Viele neue Reformen wurden im FuE-Bereich von der Regierung eingeleitet. Das Ziel war, die Wirtschaft Russlands zukunftsfähiger zu machen. Die Leistungen im Bereich der Technologie sollten durch Modernisierungsstrategien effizienter werden, insbesondere im Bereich der Innovation, Forschung und Bildung. Im Jahr 2009 wurde hierfür die „Präsidialkommission für Modernisierung und technologische Entwicklung" gebildet, die Vorschläge erarbeiten sollte, um das Potential an Innovationen zu verbessern. Fünf Bereiche wurden hierfür von Präsident Medwedew besonders gestärkt:

- Energiebereich
- Atomindustrie
- Raumfahrttechnologie
- Medizin
- Entwicklung von Computern und Software

Föderale Zielprogramme verstärkten die Modernisierungsbemühungen. 53 Programme wurden auf diese Gebiete verteilt:[80]

- Hochtechnologien
- Landwirtschaft
- Soziales Leben
- Entwicklung des Fernen Ostens

---

[80] Vgl. http://www.kooperation-international.de/russland/themes/international/fub/laender/forschungs-bildungspolitik/politische-zielsetzungen/ (Stand: 01.11.11).

- Transportinfrastruktur
- Sicherheit
- Entwicklung der Regionen
- Soziale Infrastruktur
- Entwicklung der staatlichen Einrichtungen

195 Mrd. Rub. (ca. 5,6 Mrd. €) wurden für diese Programme bis ins Jahr 2012 eingeplant, 31% davon durch private Träger und 69% staatlich durch den föderalen Haushalt. Das Verhältnis zwischen den privaten und den öffentlichen Ausgaben variierte allerdings je nach Programm.[81] Trotz angekündigter Reformen für den FuE-Bereich gab es wenige Verbesserungen. Als Beispiel ist anzuführen, dass die Anzahl der Forschungs- und Entwicklungseinrichtungen zurückgegangen ist. Im Jahr 1992 existierten noch 4.555 Organisationen, die sich bis im Jahr 2009 auf 3.536 verringerten. Die Verringerung hatte negative Folgen für das RIS **(siehe Tab. 4)**.

Tabelle 4: Research and development organizations until 2009

	1992	1995	2000	2005	2006	2007	2008	2009
Number of organizations – total	4555	4059	4099	3566	3622	3957	3666	3536
including:								
scientific and research organizations	2077	2284	2686	2115	2049	2036	1926	1878
design offices	865	548	318	489	482	497	418	377
designing and surveying organizations	495	207	85	61	58	49	42	36
experimental plants	29	23	33	30	49	60	58	57
higher education institutions	446	395	390	406	417	500	503	506
research and project designing divisions of organizations	340	325	284	231	255	265	239	228
Others	303	277	303	234	312	550	480	454

Quelle: Russia in figure - 2011, S. 264.

Die gleiche Tendenz gibt es beim Personal im FuE-Sektor. Das ist nicht so dramatisch wie in den 1990er Jahren, aber dennoch ist zu erkennen, dass Russland noch weiter an einem „Braindrain"

---

[81] Vgl. http://www.kooperation-international.de/russland/themes/international/fub/laender/forschungs-bildungspolitik/politische-zielsetzungen/ (Stand: 01.11.11).

leidet (siehe Tab. 5). Im Jahr 1992 waren im FuE-Sektor 1.532.600 Personen beschäftigt, im Jahr 2009 waren es dagegen nur noch 742.400. Berufsgruppen wie Lehrer, Ingenieure und insbesondere wissenschaftliche Mitarbeiter von Forschungseinrichtungen und Hochschulen haben an Attraktivität für den akademischen Nachwuchs zu dieser Zeit verloren.

Tabelle 5: Research and development personnel until 2009 (end of year; thou. persons)

	1992	1995	2000	2005	2006	2007	2008	2009
Personnel - total	1532.6	1061.0	887.7	813.2	807.1	801.1	761.3	742.4
including:								
researchers	804.0	518.7	425.9	391.1	388.9	392.8	375.8	369.2
technicians	180.7	101.4	75.2	66.0	66.0	64.6	60.2	60.0
auxiliary personnel	382.2	274.9	240.5	215.6	213.6	208.0	194.8	187.0
other personnel	165.7	166.1	146.1	140.5	138.5	135.7	130.5	126.2

Quelle: Russia in figure - 2011, S. 265.

Anhand der Tabellen und der statistischen Daten kann man sehen, dass der FuE-Sektor in dieser Periode noch immer sehr schwach ausgeprägt ist.

Insgesamt wurden in der Regierungszeit Medwedews zahlreihe Reformen durchgeführt. Die wichtigsten von ihnen sind:[82]

1. Änderung der Konstitution. Die Reform bezieht sich hauptsächlich auf eine Änderung der Amtszeiten des Präsidenten und der unteren Kammer des russischen Parlaments (Staatsduma). Außerdem hat die Staatsduma ein neues Gesetz über das Wahlverfahren von Gouverneuren der Regionen verabschiedet. Hier geht es hauptsächlich um das Recht der Regionen, selber einen Gouverneur wählen zu können. Nach diesem Gesetz ernennen die politischen Parteien ein Mitglied oder einen parteilosen Bürger zum Kandidaten für den Posten des Gouverneurs.

2. Reformen zur Bekämpfung der Korruption. Hier zählen der Erlass über die Errichtung eines Rates beim Präsidenten der Russischen Föderation zur Bekämpfung der Korruption und die Unterzeichnung eines Anti-Korruption-Plans von Medwedew.

3. Reformen der Armee und des Polizeiwesens. In diesem Rahmen wurden neue staatliche Rüstungsprogramme und Reformen zur Modernisierung des militärisch-industriellen Komplexes

---

[82] Vgl. http://www.ris.ru/politics/20120503/639962792.html (Stand: 20.09.2013).

durchgeführt. Im Bereich der Polizei wurden neue Regeln zur Anstellung von Mitarbeitern aufgestellt und Änderungen in der Lohnstruktur vorgenommen. Auch wurden neue Strukturen in der Verwaltung des Polizeiwesens geschaffen, wie das „Investigative Komitee der Russischen Föderation". Ziel dieser Reformen ist die Schaffung von geeigneten und unabhängigen Untersuchungsstrukturen im Land. Aber die Strukturen der Ermittlungsbehörden, der Staatanwaltschaft und der Innenministerien blieben unverändert.

4. Reformen des RIS. Der wichtigste Schritt auf diesem Gebiet war die Gründung von Forschungszentren wie „Skolkovo" zur Entwicklung und Realisierung hochmoderner Technologien. Auch im Bereich der Bildung wurden viele Reformen durchgeführt. Die wichtigste war der Versuch, die Universitäten neu zu organisieren. Sie sollen in Zukunft nicht nur als Ausbildungszentren dienen, sondern auch viel mehr in die Forschung involviert werden. Im Jahre 2011 hat Medwedew außerdem Änderungen des Gesetzes „Über die Bildung" unterzeichnet. Es bezieht sich hauptsächlich auf ein einheitliches Abiturprüfungsverfahren in Russland. Für die Durchführung dieser Prüfungen wurden neue Informationssysteme und Strukturen auf regionaler und föderaler Ebene geschaffen.

Insgesamt wurden in der Regierungszeit von Medwedew viele Reformen durchgeführt, die verschiedene Bereiche des Alltagslebens verbessern sollten. Aber nicht alle davon waren unbedingt erfolgreich. Beispielsweise gibt es bis heute noch viele Diskussionen über die Korruption in Russland, man spricht hier von nicht genügenden Maßnahmen der Regierung zu ihrer Bekämpfung. Man ist nicht zufrieden mit dem Verlauf der einheitlichen Abiturprüfung in Russland. Die entscheidende Fragestellung hierbei ist, ob eine solche Prüfungsart überhaupt für das russische Ausbildungssystem geeignet ist. Auf jeden Fall haben die begonnenen Reformen nicht mit dem Ende der Amtszeit von Medwedew aufgehört. Der neue Präsident Putin hat eine Fortsetzung vieler dieser Reformen versprochen.

3.2.5. Die dritte Amtszeit Putins

Der Präsident der Russischen Föderation besitzt allgemein eine starke Stellung. Er gibt nicht nur alle politischen Vorgaben, sondern kann auch durch Präsidialerlasse gesetzgebend wirken und den Premierminister als Regierungschef bestellen.
Am 7. Mai 2012 trat Putin seine dritte Amtszeit als Präsident Russlands an. Sein Amtsantritt war gekennzeichnet vom Beginn vieler Reformen. Schon im Juni unterzeichnete Putin das Gesetz

über die Einrichtung eines Amtes für den Schutz von Unternehmensrechten, was einen positiven Einfluss auf die Arbeit von KMU schaffen sollte. Danach folgten das Gesetz zur Verschärfung des Demonstrationsrechtes (№ 65-FZ); das Gesetz über die Regulierung von Informationen im Internet (№ 139-FZ); das Gesetz über die ausländischen Non-Profit-Organisationen, die auf dem Gebiet Russlands tätig sind (№ 121-FZ); das Bundesgesetz über die Bekämpfung des Tabakkonsums (№ 15-FZ).

Im Rahmen der Bekämpfung von Korruption wurde ein Gesetz im Mai 2013 erlassen, das Ministern, Mitgliedern des Bundesrates und der Staatsduma, Richtern, Mitgliedern der Staatsanwaltschaft und Armeeangehörigen verbot, ausländische Konten zu führen.

Im Bereich der Bildung wurde das Gesetz „Über die Bildung in der Russischen Föderation" (№ 273-FZ) verabschiedet. Hauptziel war es, eine Regelung der Ausbildungsrechte für die Bevölkerung zu schaffen und staatliche Garantien für diese Rechte und die Freiheit der Bildung festzulegen. Außerdem wurde das Gesetz über die Prüfung eines Drogenmissbrauchs von Schülern und Studenten beschlossen, eine Regelung des Verbots der „Propaganda von nicht-traditionellen sexuellen Beziehungen unter Minderjährigen" wurde gesetzlich festgelegt, sowie die Einführung von strafrechtlichen Sanktionen für die Verletzung religiöser Gefühle.

Im Juli 2013 wurde von der russischen Regierung das Reformprojekt über die Russische Akademie der Wissenschaften vorgeschlagen, das am 18 September 2013 von der Staatsduma akzeptiert wurde. Die Reform stellt eine Umstrukturierung der RAN dar. Nach diesem Gesetz bleibt die RAN eine staatlich finanzierte Institution, aber Eigentümerin ihrer Immobilien ist nun die Regierung der RF. Die Durchführung der Grundlagenforschung verbleibt weiterhin als Hauptfunktion der RAN. Zusätzlich übernimmt die RAN die „Russische Akademie der Medizinischen Wissenschaften" und die „Russischen Akademie der Agrarwissenschaften".[83]

Die russische Gesellschaft sieht momentan etwas gespalten aus. Einige Leute bezweifeln, dass die Reformen Putins der richtige Weg für die Gesellschaft bedeuten, die anderen unterstützen diese Änderungen, und sind sich sicher, dass Russland weiterhin diesen eingeschlagenen Reformweg gehen sollte.

---

[83] Vgl. http://www.rg.ru/2013/09/18/akademia-anons.html Stand: (20.09.2013).

3.3. Organisation und Struktur des russischen Innovationssystems

Die Effektivität und Effizienz des NIS sind direkt abhängig von ihrer Organisation und Struktur. Beim russischen NIS spielen die kommunistische Vergangenheit und der Transformationsprozess, der seit 20 Jahren abläuft, eine große Rolle. Das russische NIS ist stark von staatlichen Einrichtungen geprägt und enthält einen sehr kleinen privaten Sektor, der sich noch in der Entwicklungsphase befindet.

3.3.1. Staatliche Hauptakteure des russischen Innovationssystems

Die staatliche Körperschaft - einschließlich der legislativen (Föderationsversammlung; Staatsduma - russisches Parlament) und exekutiven Gewalt - föderale Ministerien und föderale Agenturen mit entsprechenden regionalen Körperschaften - sind verantwortlich für die Bestimmung der Innovationspolitik. Zur staatlichen Körperschaft gehören außerdem der „Rat für Wissenschaft, Technologie und Bildung beim Präsidenten der Russischen Föderation" und verschiedene Einrichtungen von der Russischen Präsidialverwaltung, die die Arbeit der Legislative und Exekutive koordinieren sollen.

Die Föderationsversammlung gibt der Innovationspolitik durch den „Ausschuss für Wissenschaft, Kultur, Bildung, Gesundheit und Umwelt" die Richtung teilweise vor und organisiert verschiedene Diskussionen mit Experten. Die Staatsduma hat verschiedene Ausschüsse, in denen die Innovationspolitik diskutiert wird. Diese sind die Komitees von Bildung und Forschung und das Komitee von Industrie, Ingenieurwesen und hochentwickelter Technologie.

Die staatliche Tätigkeit in den Bereichen der Wissenschaft, Bildung und Innovation enthält drei Typen von Organisationen:[84]

- Die Innovationspolitik fördernde und koordinierende Organisationen
- Finanzämter
- Regulierungsbehörden

Nach dem Bericht der European Commission über Russland kann man die drei oben genannten Gruppen wie in **Abbildung 14** darstellen:

---
[84] Vgl. European Commission (2007), S. 1.

Abbildung 14: The three types of organizations in the field of science, education and Innovation

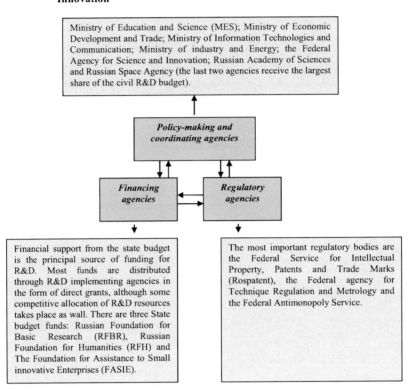

Quelle: In Anlehnung an European Commission (2007), S.1.

Es können vier Hauptakteure genannt werden, die das staatliche Budget in den FuE-Bereichen kontrollieren. Das sind die „Russische Akademie der Wissenschaften" (RAN), die „Föderale Raumfahrtagentur" (ROSKOSMOS), die „Föderale Agentur für die Industrie Russlands" (ROSPROM) und die „Föderale Agentur für Wissenschaft und Innovationen" (FASI).[85] Die „Russische Akademie der Wissenschaften" (RAN) ist die größte und bekannteste Forschungsorganisation des Landes und umfasst 451 Forschungseinrichtungen.[86] Die „Föderale Raumfahrtagentur" (ROSKOSMOS) ist eine staatliche Organisation und verantwortlich für die Förderung des russischen Raumfahrt-Forschungsprogramms und der allgemeinen „aerospace"

---

[85] Viele russische staatliche Einrichtungen haben russische Namen, aber offizielle Abkürzungen auf Englisch z.B. RAN oder FASI.
[86] Vgl. http://www.ras.ru/ (Stand: 23.02.09).

Forschung.[87] Die „Föderale Agentur für die Industrie Russlands" (ROSPROM) steuert die Industrie des Maschinenbaus, der chemischen, biotechnologischen, medizinischen Industrie und der Stahlindustrie.[88] FASI führt die staatliche Politik und verwaltet das staatliche Eigentum in den Bereichen Wissenschaft, Technologie und Innovationsaktivität **(siehe Abb. 15).**[89]

Abbildung 15: Organisational Chart of the Innovation Governance System

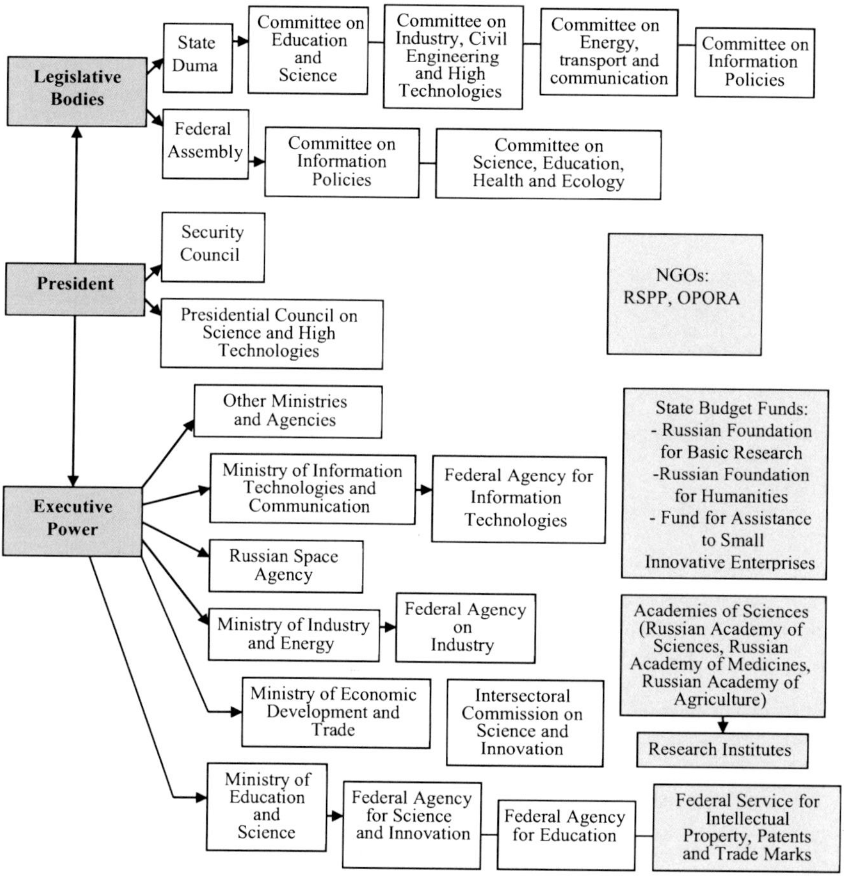

```
                    ┌─────────────┐ ┌─────────────┐ ┌─────────────┐
                    │ Committee on│ │ Committee on│ │ Committee on│
              ┌─State│  Education │ │Industry,Civil│ │   Energy,   │ ┌─────────────┐
              │ Duma │     and    │ │ Engineering │ │transport and│─│ Committee on│
┌───────────┐ │      │   Science  │ │  and High   │ │communication│ │ Information │
│Legislative│─┤      └─────────────┘ │Technologies │ └─────────────┘ │  Policies   │
│  Bodies   │ │                      └─────────────┘                 └─────────────┘
└───────────┘ │  ┌─────────┐ ┌─────────────┐ ┌──────────────────┐
              │  │ Federal │ │ Committee on│ │   Committee on   │
              └──│Assembly │─│ Information │ │Science, Education,│
                 └─────────┘ │  Policies   │ │Health and Ecology│
    ↑                        └─────────────┘ └──────────────────┘
    │            ┌─────────┐
    │            │ Security│
    │            │ Council │
┌───────────┐    └─────────┘
│ President │─                                    ┌─────────────┐
└───────────┘    ┌──────────────────────┐         │    NGOs:    │
    │            │Presidential Council on│        │ RSPP, OPORA │
    │            │  Science and High    │         └─────────────┘
    │            │    Technologies      │
    │            └──────────────────────┘
    ↓
                 ┌──────────────────┐
                 │  Other Ministries│                ┌────────────────────┐
                 │    and Agencies  │                │ State Budget Funds:│
                 └──────────────────┘                │ - Russian Foundation│
┌───────────┐    ┌──────────────────┐ ┌─────────────┐│ for Basic Research │
│ Executive │    │Ministry of Info. │ │Federal Agency││-Russian Foundation │
│   Power   │───▶│Technologies and  │▶│for Information││  for Humanities   │
└───────────┘    │  Communication   │ │ Technologies ││- Fund for Assistance│
                 └──────────────────┘ └─────────────┘│     to Small       │
                 ┌──────────────────┐                │Innovative Enterprises│
                 │  Russian Space   │                └────────────────────┘
                 │     Agency       │
                 └──────────────────┘
                 ┌──────────────────┐ ┌─────────────┐┌────────────────────┐
                 │Ministry of Industry│ │Federal Agency││Academies of Sciences│
                 │   and Energy     │▶│  on Industry ││(Russian Academy of │
                 └──────────────────┘ └─────────────┘│  Sciences, Russian │
                 ┌──────────────────┐ ┌─────────────┐│Academy of Medicines,│
                 │Ministry of Economic│ │Intersectoral││ Russian Academy of │
                 │ Development and   │▶│Commission on││    Agriculture)    │
                 │      Trade        │ │ Science and ││                    │
                 └──────────────────┘ │ Innovation  │└────────────────────┘
                 ┌──────────────────┐ └─────────────┘┌────────────────────┐
                 │   Ministry of    │                │ Research Institutes│
                 │  Education and   │                └────────────────────┘
                 │     Science      │
                 └──────────────────┘
                       │  ┌─────────────┐ ┌─────────────┐┌────────────────────┐
                       │  │Federal Agency│ │Federal Agency││ Federal Service for│
                       └─▶│ for Science  │▶│for Education ││    Intellectual   │
                          │and Innovation│ └─────────────┘│ Property, Patents │
                          └─────────────┘                 │  and Trade Marks  │
                                                          └────────────────────┘
```

Quelle: European Commission (2007), S. 6.

---

[87] Vgl. http://www.roscosmos.ru/ (Stand: 23.02.09).
[88] Vgl. http://www.rosprom.gov.ru/ (Stand: 23.02.09).
[89] Vgl. http://www.fasi.gov.ru/ (Stand: 23.02.09).

Andere Akteure, die eine Rolle in der RIS haben, sind die Universitäten. Ungefähr 40% der Universitäten und Fachhochschulen nehmen am FuE-Sektor teil. Diese Beziehung entsteht durch Verträge mit der Industrie und der Regierung. Drei Stiftungen wurden außerdem vom Staat gegründet:

1. „Russische Stiftung für Grundlagenforschung" (RFFI)
2. „Russische Stiftung für Geisteswissenschaftliche Forschung" (RGNF)
3. „Stiftung zur Unterstützung kleiner, innovativer Unternehmen" (FASIE)

Sie sind dem „Ministerium für Wissenschaft und Technologien" und der „Russischen Akademie der Wissenschaften" (RAN) zugeordnet und verantwortlich für die Finanzierung verschiedener Forschungsprojekte.

3.3.2. Privatakteure als Teil des russischen Innovationssystems

Die wirtschaftliche Struktur Russlands unterscheidet sich aufgrund seiner Geschichte von vielen anderen europäischen Ländern. Dazu gehören Merkmale wie: eine hohe Dominanz in großen Betrieben, eine Konzentration auf die Schwerindustrie wie den Bergbau, die Eisen- und Stahlindustrie und einen sehr kleinen Bereich in der Hochtechnologie. Das russische Innovationssystem ist folgendermaßen zu definieren.[90] Der Anteil der privaten Organisationen, die versuchen den Fortschritt in Russland zu beeinflussen, wächst zugleich mit der Verbesserung der Qualität der Innovationspolitik. Die ersten und bekanntesten Organisationen sind die „Russische Union der Industriellen und Unternehmer" (RSPP) und die Öffentliche Organisation von Klein- und mittelständigen Unternehmen „OPORA RUSSIA". Beide Organisationen sind im Dialog mit der Regierung über Wissenschaft, Technologie und Innovation. Die dritte Organisation ist der „Verband der russischen Manager". Er fördert ebenfalls die Innovationspolitik.

Es gibt einen Anteil von großen, mittleren und kleinen Unternehmen, die im FuE-Bereich tätig sind. Manchmal haben Sie auch verschiedene Partnerschaften mit ausländischen Unternehmen, z.B. in Form der Joint Ventures. Hier gibt es Verträge und Zusammenarbeit bei Projekten im Bereich der Technologie, im Management und Marketing. Zur selben Zeit haben sich Forschungsorganisationen sehr um ausländische Unterstützung bemüht, um Forschungsverträge

---

[90] Vgl. Peltola (2008), S. 4.

zu erhalten. Sowohl staatliche als auch private Förderprogramme aus den USA und Europa unterstützen nichtkommerzielle FuE-Aktivitäten. In Russland gibt es eine bestimmte Anzahl rein ausländischer Unternehmen, die entweder allein auf dem Markt tätig sind oder Verträge mit russischen Forschungseinrichtungen abgeschlossen haben. Sie stammen aus der EU, den USA und einigen asiatischen Ländern wie China, Japan und Südkorea.[91] Die ausländische Finanzierung macht insgesamt ca. 10% des Etats aller FuE-Bereiche in der Russischen Föderation aus.

3.3.3. Regionales Innovationssystem

Russland ist ein riesiges Land mit großen Unterschieden im Niveau der sozioökonomischen Entwicklungen der einzelnen Regionen. Fast 80% der Bevölkerung lebt im europäischen Teil des Landes. Der europäische Teil umfasst nicht mehr als 25% der gesamten Fläche Russlands. Die europäischen Regionen des Landes produzieren allerdings 74% des Brutto-Regionalprodukts und 80% der gesamten Fertigerzeugnisse.[92] Es gibt 83 administrative Regionen.[93] „Das russische Ministerium für Wirtschaftsentwicklung und Handel" hat 32 dieser Regionen als ökonomisch rückschrittlich eingestuft und 12 befinden sich sogar in einer Krise.[94] Aber dennoch existiert ein russisches, regionales Innovationssystem in vielen industriell geförderten Regionen. Sie werden von regionalen Ministerien verwaltet und von regionalen Regierungen geleitet.[95]

Die stärksten Regionen sind die Region „Tomsk Oblast'" und die Region „Samara Oblast'".[96] In „Tomsk Oblast'" befinden sich 7 Universitäten, 15 Fachhochschulen, ungefähr 100 Forschungsorganisationen, die Innovationen fördern, und Dutzende hochtechnologischer Betriebe, die in Atom-, Verteidigungs- und anderen industriellen Sektoren tätig sind.

Zu den Stärken dieses Gebietes zählen:[97]

1. Ein historisch stark wissenschaftliches und technologisches Potenzial: Universitäten und Fachhochschulen, FuE-Institute und Technoparks, sowie ein hoher Anteil an Wissenschaftlern und Ingenieuren in der Bevölkerung

---

[91] Vgl. European Commission (2007), S. 4.
[92] Vgl. European Commission (2007), S. 4 f.
[93] Vgl. OECD (2011), S. 35.
[94] Vgl. ebd., S. 7.
[95] Vgl. ebd., S. 7.
[96] Russisch: Oblast' - deutsch: Gebiet.
[97] Vgl. European Commission (2007), S. 4 f.

2. Eine relativ starke wirtschaftliche Leistung aufgrund großer Öl- und Gasunternehmen

3. Eine internationale Zusammenarbeit aller Akteure des regionalen Innovationssystems

4. Eine aktive Entfaltung der Oblast'-Verwaltung auf der Ebene des Vize-Gouverneurs bei der Erarbeitung und Koordination der Innovationspolitik

Zu den Schwächen zählen:[98]

1. Ein unregelmäßiges Politik-Monitoring und Review-Prozesse

2. Probleme bei der Koordinierung mit den anderen Richtungen der wirtschaftlichen und sozialen Entwicklungen in diesem Gebiet

3. Ein kleiner Anteil an wettbewerbsorientierter Förderung der Budgethilfe-Mechanismen

4. Eine geringe Evaluationskultur für FuE-Institute, Technoparks und kleine Unternehmen

5. Eine geringe Anzahl und begrenzte Kompetenzen der Technologie-Audit-Unternehmen

6. Eine zu hohe Altersstruktur des FuE-Personals und zu niedrige Löhne für High-Tech-Arbeitsplätze

7. Ein geringer Grad an Interaktion mit großen Industrieunternehmen in der Ausarbeitung und Umsetzung der Innovationspolitik

„Samara Oblast'" hat - wie auch „Tomsk Oblast'" - ein hohes Potenzial an Bildung und Forschung. In dieser Region gibt es eine große Zahl an industriellen Betrieben, wie den größten russischen Automobilhersteller AutoVAZ. Es gibt auch eine Vielzahl sogenannter „aerospace" Unternehmen und föderale FuE-Zentren, die eine sehr wichtige Rolle im RIS spielen und einen großen Beitrag hierzu leisten. Allerdings gibt es auch einige Schwächen, wie ein zu geringer Grad an Interaktionen mit großen Industrieunternehmen, gerade auch in der Ausarbeitung und Umsetzung der Innovationspolitik. Außerdem ist die Altersstruktur beim FuE-Personal zu hoch, und die Löhne für High-Tech-Arbeitsplätze sind zu niedrig.[99]

Dennoch führen gerade diese Regionen ihre eigene Innovationspolitik auf der regionalen und sektoralen Ebene durch und fördern somit auch industrielle Innovationsprogramm oder Verbunde verschiedener Städte, die in der FuE aktiv sind. Man bezeichnet diese Städte mit dem Namen

---

[98] Vgl. European Commission (2007), S. 4 f.
[99] Vgl. ebd.

„Naukograd".[100] Die Regionen unterstützen Programme, die auf die Förderung kleiner, innovativer Unternehmen und Innovations-Projekte ausgerichtet sind.[101]

---

[100] Russisch: Naukograd - deutsch: Wissenschaftsstadt - englisch: Science Town.
[101] Vgl. European Commission (2007), S. 7 f.

4. Hauptelemente des russischen Innovationssystems und deren Analyse

Jedes nationale Innovationssystem muss verschiedene staatliche und private Akteure auf unterschiedlichen Ebenen - wie der föderalen, regionalen und sektoralen - zusammenbringen. Zum staatlichen Teil der Innovationssysteme gehören z.B. die Regierung, verschiedene Ministerien, Behörden, staatliche Forschungsorganisationen und Forschungseinrichtungen. Zu dieser Gruppe zählt außerdem noch das Bildungssystem des entsprechenden Landes - die Universitäten und Fachhochschulen. Zum privaten Sektor gehören dagegen große und kleine Innovationsunternehmen.

Es ist schwierig, sich ein NIS ohne Finanzsystem und Regulierungssystem vorzustellen. Wegen dieser Komplexität kann man die Komponenten, die zu einem nationalen Innovationssystem gehören, nicht trennen. Man kann die Hauptelemente eines NIS allerdings herausnehmen und definieren.[102]

Im vorliegenden Kapitel werden die Hauptelemente des RIS wie Innovationspolitik, Finanzierungssystem, Forschungssystem, Bildungssystem und Businesssektor dargestellt und

---
[102] Vgl. Conle/Schüller/Wogart (2008), S. 163 f.

analysiert. Außerdem werden die wichtigsten Programme der russischen Regierung genannt, deren Ziele auf eine Verstärkung des RIS ausgerichtet sind.

4.1. Innovationspolitik

Unter der Innovationspolitik versteht man die Ausarbeitung verschiedener Maßnahmen und Strategien staatlicher und privater Akteure eines Innovationssystems. Diese Maßnahmen und Strategien finden vor allem auf politischer Ebene statt und dienen der Unterstützung und Förderung des FuE-Sektors.

4.1.1. Die russische Innovationspolitik und ihre Entwicklung

Der Grundstein der russischen Innovationspolitik wurde mit der Verabschiedung des föderalen Gesetzes „Über Wissenschaft und staatliche Wissenschafts- und Technologiepolitik" im Jahr 1996 gelegt. Dieses Gesetz regelt die Beziehungen zwischen Subjekten wissenschaftlicher und wissenschaftlich-technologischer Tätigkeiten, zwischen Organen staatlicher Macht und Verbrauchern wissenschaftlich-technologischer Produkte und Dienstleistungen, sowie die Bereitstellung staatlicher Unterstützung für Innovationstätigkeiten. Seit dieser Zeit beschäftigt sich die russische Regierung mit der Entwicklung und weiteren Förderung des RIS, insbesondere zur Regierungszeit von Putin. Zur Zeit Jelzins wurde aber bereits das oben genannte Gesetz beschlossen und verabschiedet.

Man kann daher folgende Hauptziele des RIS benennen:[103]

1. Die Förderung der rationellen Verteilung und effizienten Nutzung von wissenschaftlichen und technologischen Kapazitäten

2. Die Steigerung des Beitrags von Wissenschaft und Technik in der Entwicklung der Wirtschaft des Landes

3. Die Umsetzung der wichtigsten gesellschaftlichen Aufgaben

4. Die Gewährleistung fortschreitender, struktureller Veränderungen im Bereich der materiellen Produktion

---

[103] Vgl. Federal'nyj zakon Rossijskoj Federazii ot 23.08.1996 g. № 127-FZ. „O nauke i gosudarstvennoj naucno-techniceskoj politike". Im Internet: http://mon.gov.ru/dok/fz/nti/898/ (Stand: 20.03.12).

5. Das Erhöhen der Effizienz materieller Produktion und die Wettbewerbsfähigkeit des Produktes

6. Die Verbesserung der Umweltsituation und der Schutz der Informationsquellen des Staates

7. Die Stärkung der nationalen Verteidigung und Sicherheit des Einzelnen, der Gesellschaft und des Staates

8. Die Integration von Wissenschaft und Bildung

Die staatliche wissenschaftlich-technologische Politik beruht auf folgenden Prinzipien:[104]

1. Anerkennung der Wissenschaft als gesellschaftlich bedeutender Sektor, der das Niveau der Entwicklung der produktiven Kräfte eines Staates bestimmt

2. Öffentlichkeitsarbeit und Verwendung verschiedener Formen der öffentlichen Debatte

3. Garantie für eine vorrangige Entwicklung der Grundlagenforschung

4. Integration von Wissenschaft und Bildung durch verschiedene Formen der Beteiligung von Mitarbeitern und Studenten der pädagogischen Hochschulen

5. Unterstützung von Wettbewerb und Unternehmertum in Wissenschaft und Technologie

6. Konzentration der Mittel auf vorrangige Bereiche in Wissenschaft und Technologie

7. Förderung der wissenschaftlichen und technologischen Innovationen

8. Entwicklung von Wissenschaft und Technologie sowie Innovation durch Schaffung von öffentlichen Forschungszentren

9. Entwicklung der internationalen wissenschaftlich-technischen Zusammenarbeit in der Russischen Föderation

Die Russische Föderation hat in den letzten Jahrzehnten einen Fortschritt in der Innovationspolitik und bei der Erschaffung von staatlichen Innovationssystemen gemacht. Sehr wichtig für die russische Innovationspolitik (RIP) waren eine Koordination der verschiedenen

---

[104] Vgl. Federal'nyj zakon Rossijskoj Federazii ot 23.08.1996 g. № 127-FZ. „O nauke i gosudarstvennoj naucno-techniceskoj politike". Im Internet: http://mon.gov.ru/dok/fz/nti/898/ (Stand: 20.03.12).

Akteure im freien Markt und die Entwicklung neuer Wege in der Zusammenarbeit von verschiedenen Teilen des Innovationssystems.

Im RIP gibt es drei Hauptrichtungen: 1. Eine wachsende Aufmerksamkeit in der Prognose der Entwicklung des NIS; 2. Die Unterstützung der Innovationsinfrastruktur; 3. Die Entwicklung indirekter Maßnahmen zur Stimulation der Innovation (z.B. Steuervergünstigungen für innovative Unternehmen).[105]

In föderalen Programmen und Strategien hat die Regierung angefangen, folgenden Bereichen mehr Aufmerksamkeit zu widmen: der Heranziehung von Businesssektoren zur Ausarbeitung und Finanzierung von FuE-Projekten, der Entwicklung von Instrumenten der Öffentlich-Privaten Partnerschaft (ÖPP) und der Einbeziehung dieser Partnerschaft in den Innovationsprozess.

Bedeutendere Änderungen gab es 2006. Zu diesem Zeitpunkt startete die Regierung verschiedene Maßnahmen, um die Innovationsaktivität voranzubringen. Die Russische Föderation versuchte, diese Maßnahmen im Bereich der technischen Regulierung, der ökologischen Kontrolle und bei importierten Produkten einzuführen. Das Ziel war, die Nachfrage zur Neuerung der Industrieunternehmen anzuregen. Dies erfolgte meistens durch eine Reaktivierung des Budgets, sowie eine Vereinfachung des Zugangs zu globalem Wissen.

Risikokapital und Technologieparks waren ein weiterer Schritt zur Schaffung einer Innovationsinfrastruktur. Im Jahr 2007 wurde regierungsunterstütztes Risikokapital erschaffen und weitere Entwicklungen der Infrastruktur durch Technologieparks, einschließlich der Organisation ihres Managements, wurden geplant und durchgeführt.

Das größte Problem in Russland stellt die Innovationspolitik auf regionaler Ebene dar, weil sie nur in ökonomisch entwickelten Regionen umsetzbar ist. Im Laufe der 1990er Jahre haben föderale und regionale Regierungen zusammen verschiedene Programme initiiert, um die regionalen Bereiche von Entwicklung und Innovations-Programmen anzuregen. Leider nimmt die Zusammenarbeit immer bei Beginn einer neuen Legislaturperiode ab, weil sich aufgrund von Neuwahlen die Verhältnisse zwischen den föderalen und den regionalen Autoritäten ständig ändern.[106]

4.1.2. Strategien, Programme und Regierungsreformen

Die Regierung hat mit der Realisierung der Reform der FuE-Sektoren bereits angefangen. Die

---

[105] Vgl. European Commission (2007), S. 7 f.
[106] Vgl. European Commission (2007), S. 7 f.

Reform, die „Strategische Entwicklung von Wissenschaft und Innovation in der Russischen Föderation bis 2015"[107] hat gegenwärtig begonnen. Das Ziel dieser Reform ist die Erschaffung eines effektiven Innovationssystems in Russland.[108] Außerdem haben die Regierung und die Ministerien in den letzten Jahren eine Reihe von Programmen und Projekten verabschiedet, um das RIS anzuregen. Die wichtigsten sind:[109]

> **Föderales Prioritätenprogramm „E-Russland" (2002-2010)**
> Ziel dieses Programms ist die Erschaffung eines E-Government und die Gründung von Netzwerken zwischen der regionalen und der föderalen Ebene, ebenso mit der EU. *Verantwortlich:* „Das Ministerium für Informationstechnologie und Kommunikation der RF".

> **Föderales Prioritätenprogramm „Entwicklung von ziviler Luftfahrttechnik in Russland 2002-2015"**
> Ziel ist die Änderung der strategischen Position im Wettbewerb, der zivilen Luftfahrt in Russland und die Stimulation ihrer Entwicklung. *Verantwortlich*: „Das Ministerium für Industrie und Energetik der RF".

> **Projekt einer Co-Finanzierung der FuE in kleinen, innovativen Unternehmen**
> Ziel ist die Vergrößerung des Aufwands im Bereich Forschung und technologischer Innovation in kleinen Unternehmen. *Verantwortlich:* „Die Stiftung zur Unterstützung kleiner, innovativer Unternehmen" (FASIE).

> **Föderales Raumfahrtprogramm 2006-2015**
> Ziel ist die Erschaffung und Realisierung verschiedener Raumfahrt-Projekte, die der sozio-ökonomischen Entwicklung und Sicherheit der russischen Nation dienen. *Verantwortlich:* „Die föderale Raumfahrtagentur" (ROSKOSMOS).

> **Föderales Prioritätenprogramm „National Technological Basis" für 2007-2011**
> Ziel ist die Stimulation der heimischen Industrie und die Erleichterung des Marktzugangs auf sektoraler, regionaler und nationaler Ebene für kleine, innovative Unternehmen. *Verantwortlich:* „Das Ministerium für Industrie und Energetik der RF".

---

[107] Auf Englisch: „The Strategy of Science and innovations development in the Russian Federation till 2015".
[108] Vgl. http://www.government.ru/content/ und http://www.duma.gov.ru/ (Stand: 24.02.12).
[109] Die Programme sind von der Homepage der entsprechenden Ministerien entnommen.

> **Föderales Prioritätenprogramm „FuE in wichtige Richtungen von Entwicklung der Wissenschafts-Technologie Komplex von Russland 2007-2012"**
> Ziel ist die Erweiterung des wissenschaftlichen und technologischen Potenzials der Russischen Föderation. Das Programm ist in zwei Teile gegliedert. Der erste ist die Verbesserung des Umfelds zur Entwicklung der Innovationen. Der zweite ist die Unterstützung eines ausgewogenen Sektors von FuE und die Steigerung der Effektivität von NIS, was der technologischen Modernisierung der nationalen Ökonomie diesen soll.
> *Verantwortlich:* „Das Ministerium für Bildung und Wissenschaft der RF".

> **Reform der technischen Regulierung „Technische Regulierung - Regulierungsakt 2002"**
> Diese Reform war sehr wichtig und notwendig für den FuE-Bereich. Ziel ist das Überwinden administrativer Barrieren für Unternehmen, insbesondere im Bereich von übermäßiger behördlicher und ministerialer Kontrolle, Anordnungen, Normen und einer Regulierung, die den technologischen Prozess und die Innovation unterdrückt.
> *Verantwortlich:* „Das Ministerium für Industrie und Energetik der RF".

> **Projekt zur Erschaffung russischer Risikokapitalgesellschaften**
> Ziel dieses Projekts ist die Vorbereitung einer rechtlichen Basis zur Entwicklung der privaten Innovationsfinanzierung. *Verantwortlich*: „Das Ministerium für Wirtschaftsentwicklung und Handel der RF".

> **Eingerichtete Strategien und Projekte zur Erschaffung technologisch geförderter Sonderwirtschaftszonen**
> Ziel ist die Steigerung der Rolle einer öffentlichen Auftragsvergabe und deren Standardisierung als Motivation für neue Innovationsprodukte der Unternehmen, sowie eine Erhöhung der Verfügbarkeit von Innovationsinfrastrukturen, eine Erleichterung und Möglichkeit des Wissensaustauschs bei Unternehmen, eine Unterstützung der Unternehmen und eine Förderung ihrer Produktion auf dem Markt. *Verantwortlich:* „Das Ministerium für Wirtschaftsentwicklung und Handel der RF".

> **Projekt zur Erschaffung und Förderung von Technoparks**
> Ziel ist die Stimulation der Entwicklung hochtechnologischer Industrie und eine Steigerung des russischen Exports von hochtechnologischen Produkten und

Dienstleistungen. *Verantwortlich:* „Das Ministerium für Informationstechnologie und Kommunikation der RF".

> **Nationales Projekt der Bildung**
> Ziel ist die Förderung von Schulen und Hochschulen, die neue innovative Bildungsprogramme aktiv einführen. *Verantwortlich*: „Das Ministerium für Bildung und Wissenschaft der RF".

> **Föderales Zielprogramm „Entwicklung der Bildung 2011-2015"**
> Ziel des Programms ist, einen Zugang zu einer guten Bildung zu erhalten, die den Anforderungen eines innovativen Menschen entspricht und diese Bildung in den Mittelpunkt der Entwicklung stellt.
> Das Programm verfolgt drei Hauptziele:
>
> 1. Eine Modernisierung der allgemeinen und vorschulischen Erziehung, wie beim Institut für soziale Entwicklung.
>
> 2. Die Inhalte und Strukturen der beruflichen Bildung in Einklang mit den Anforderungen des Arbeitsmarkts zu bringen.
>
> 3. Eine Entwicklung der Qualitätsbewertung und Nachfrage nach Bildungsdienstleistungen zu erhalten.
>
> *Verantwortlich*: „Das Ministerium für Bildung und Wissenschaft der RF".

> **Föderales Zielprogramm „Die russische Sprache 2011-2015"**
> Zu diesem Zweck werden Programme zur Förderung der Werte der russischen Kultur und Popularisierung der russischen Sprache im Ausland unterstützt, sowie eine Hilfe angeboten, die kulturelle und sprachliche Identität der im Ausland lebenden Russen zu bewahren und zu erleichtern. *Verantwortlich*: „Das Ministerium für Bildung und Wissenschaft der RF".

> **Föderales Zielprogramm „Forschung und Ausarbeitung der vorrangigen Entwicklungsrichtungen des wissenschaftlich-technologischen Komplexes Russlands 2007-2013"**
> Hauptziel des Programms ist, das wissenschaftliche und technologische Potential der Russischen Föderation zur Realisierung der Richtungen Wissenschaft, Technik und

Ingenieurwesen zu entwickeln. *Verantwortlich*: „Das Ministerium für Bildung und Wissenschaft der RF".

- **Föderales Zielprogramm „Wissenschaftliches und wissenschaftlich-pädagogisches Personal des innovativen Russlands 2009-2013"**
  Ziel dieses Programms ist, in Russland Bedingungen für eine effektive Reproduktion der wissenschaftlichen und pädagogischen Mitarbeiter und Förderung des wissenschaftlichen Nachwuchses zu schaffen. *Verantwortlich*: „Das Ministerium für Bildung und Wissenschaft der RF".

- **Föderales Zielprogramm „Entwicklung der Infrastruktur der Nanoindustrie in der Russischen Föderation 2008-2011"**
  Dieses Programm zielt auf eine moderne Infrastruktur, um ein nationales Nanotechnologie - Netzwerk zu erstellen. Zu diesem Zweck gibt es verschiedene Bereiche bei der Finanzierung. Die Finanzierungen dienen der Ausstattung der Forschungsinstitute und Hochschulen, insbesondere zur Durchführung von Arbeiten auf dem Gebiet der Nanotechnologie und von Nanomaterialien. Sie dienen dem Erwerb experimenteller, wissenschaftlicher, technologischer und industrieller Ausrüstung und der Ausbildung von Fachpersonal für den Betrieb. *Verantwortlich*: „Das Ministerium für Bildung und Wissenschaft der RF".

Unter einem föderalen Zielprogramm versteht man staatliche Programme als Summe der Tätigkeiten, Verfahren und Vorschriften, durch die der Staat wissenschaftlich-technische Politik betreibt. Die Konzentration liegt dabei auf den staatlichen Aufträgen in den Bereichen Wissenschaft und Technologie.

Die Strategien und Programme zeigen, dass die russische Regierung bevorzugt eine direkte Finanzunterstützung im Bereich der FuE gewährt (meistens durch „the public procurement" - öffentliche Auftragsvergabe) und dementsprechend versucht, den Mechanismus der ÖPP (Öffentlich-Privaten Partnerschaft) zu verbessern. In eine andere Richtung staatlicher Aktivitäten gehen die Versuche, kleine innovative Unternehmen zu unterstützen. Außerdem möchte die Regierung eine innovative Infrastruktur durch Herstellung von Sonderwirtschaftszonen, Technoparks und Risikokapitalgesellschaften erschaffen. Eines der wichtigsten Ziele der Regierung ist das Sicherstellen von günstigen Rahmenbedingungen für Innovationen, z.B. die Reduzierung von administrativen Barrieren zur Entwicklung neuer Technologien und zur

Aufnahme von Fachwissen. Eine indirekte Stimulation der Innovationen erfolgt durch Standardisierung und Verbesserung des Schutzes des geistigen Eigentums durch eine effektivere Gesetzgebung.[110]

Die russische Innovationspolitik strebt nach internationaler Kooperation. Die Kooperation verläuft auf zwei Ebenen.[111] Zuerst anhand einer Beteiligung staatlicher Einrichtungen des NIS an verschiedenen internationalen Projekten, wie z.B. „7. EU-Rahmenprogramm für Forschung, Technologische Entwicklung und Demonstration (FP7)" als Förderprogramm der Europäischen Kommission oder das „X-ray Freier-Elektronen-Laser-Projekt", das 14 Länder umfasst, darunter auch Russland.[112] Außerdem erhält Russland aufgrund seines guten Rufs im Bereich hochrangiger, wissenschaftlicher Forschung viele Angebote, um mit dem Ausland zu kooperieren.

Auf der zweiten Ebene erfolgt eine Internationalisierung des FuE-Sektors und der Technologie durch die Wirtschaft. Kooperative FuE-Aktivitäten unter Einbeziehung ausländischer Unternehmen sind von entscheidender Bedeutung. In Zukunft sollen Investitionen nach Russland durch ausländische technologieorientierte Unternehmen und aus Russland zum wichtigsten Motor der Wirtschaft werden. Dies ist bereits in den meisten Industriestaaten, sowie in den erfolgreichsten Schwellenländern und insbesondere in China der Fall.

Momentan entwickeln fast alle russischen Forschungsinstitute mit internationalem Ruf, die nicht ausschließlich der Verteidigung dienen, enge Verbindungen zu ausländischen Unternehmen.

Es besteht kein Zweifel daran, dass ausländische Unternehmen einen großen Nutzen aus der Kooperation mit russischen Forschern ziehen.[113] Aber auf dem Weg der Kooperation mit ausländischen Unternehmen gibt es leider viele Hindernisse. Zu diesen zählen allgemein ein nicht positives Klima für ausländische Investitionen im Land, Unterentwicklung des russischen Rechtssystems, Korruption und Bürokratie. Deswegen ist es für Russland wichtig, die entsprechenden Rahmenbedingungen im Land durch Reformen für internationale Kooperationen zu schaffen. Nur so kann das RIS neue Perspektiven für eine allgemeine Entwicklung des Landes öffnen.

---

[110] Vgl. http://www.government.ru/content/ (Stand: 24.02.09).
[111] Vgl. OECD (2011), S. 237; 239.
[112] Vgl. OECD (2011), S. 237 ff.
[113] Vgl. ebd.

4.1.3. Allgemein rechtliche Rahmenbedienungen des FuE-Sektors

Der Zusammenbruch der Sowjetunion hatte große Auswirkungen in verschiedenen Bereichen des gesellschaftlichen Lebens. Insbesondere das Rechtssystem musste den neuen Gegebenheiten angepasst werden. Dies wurde bis heute noch nicht vollständig erreicht. Aus diesem Grund erhält die Innovationspolitik viel Aufmerksamkeit von Seiten der russischen Regierung, um so die steuerlichen und rechtlichen Rahmenbedingungen im FuE-Sektor zu schaffen. Sie versucht, dieses Ziel durch indirekte Maßnahmen zu erreichen. So wurden im russischen Parlament - der Duma - viele Änderungen der Steuergesetze vorgeschlagen und diskutiert.
Die wichtigsten sind:[114]

1. Eine Steuerbefreiung in der Umsatzsteuer für Einkommen, verbunden mit dem Verkauf von Patenten und Lizenzen der Innovationstechnologie

2. Eine Steuerbefreiung in der Ertragssteuer für Einkommen, empfangen von FuE-Organisationen und Stiftungen, die die Wissenschaft und Bildung unterstützen

3. Eine Steuervergünstigung für Unternehmen im Bereich der FuE

4. Eine Erweiterung der Liste von Steuerbefreiungen

Eine schwache rechtliche Regulierung im Bereich der FuE bremst die allgemeine Entwicklung der Innovationstätigkeit.[115] Grund hierfür ist der Übergang von der Plan- zur Marktwirtschaft. Eine Vielzahl von Gesetzen und Normen, die in der UdSSR Gültigkeit hatten, sind nicht mehr aktuell. Die gegenwärtige Gesetzgebung hat mehr als 1.800 rechtliche Normen im Bereich der FuE. Die Normen stehen oft im Widerspruch zueinander. Die Hauptgarantie für das geistige Eigentum liegt in der russischen Verfassung verankert. Gemäß Teil 1, S. 44 der russischen Verfassung gilt: „Die Freiheit von Literatur, Kunst, Wissenschaft, Technik und anderer Arten des Schaffens ist für jeden Bürger garantiert. Geistiges Eigentum ist geschützt durch das Gesetz". Die Verfassung beschreibt den Schutz des geistigen Eigentums durch Gesetz. Die hauptrechtlichen Grundlagen wurden in den 1990er Jahren durch das in Kraft tretende Zivilgesetzbuch geformt. Auf S. 138 dieses Gesetzbuches wird der Begriff des geistigen Eigentums definiert. Später traten noch verschiedene Gesetze in Kraft. Die wichtigsten sind: 1. Patentgesetz; 2. Gesetz „Über Handelszeichen, Zeichen von Bedingung und Erstellung von

---

[114] Vgl. http://www.duma.gov.ru/ (Stand: 25.02.09).
[115] Vgl. Goncarenko (2009), S. 54.

Waren"; 3. Gesetz „Über rechtliche Bewahrung von Topologie der Mikrochips". Diese Gesetze sind am 23.09.1992 in Kraft getreten; 4. Gesetz „Über Urheberrecht und Kopie des Urheberrechts", in Kraft getreten im September 1993; 5. Regierungsverordnung Nr. 648 „Über die Ordnung zur Nutzung der Erfindungen und Industriemuster, die durch Zertifikate auf dem Gebiet der Russischen Föderation zu schützen sind und zur Vergütung ihrer Erfinder dienen", in Kraft getreten am 12.07.1993.[116]

Momentan wird im Parlament über den Entwurf des Gesetzes „Über Innovationen und Innovationstätigkeiten in der Russischen Föderation" diskutiert. Aber wann dieses Gesetz fertig gestellt wird und in Kraft tritt, ist noch nicht bekannt.[117]

Die rechtlichen Grundlagen für den FuE-Sektor sind noch immer stark reformbedürftig. Russland braucht unter Umständen ein gut funktionierendes Ausländerrecht, so dass die Möglichkeit gegeben ist, ausländische Forscher ohne starke staatliche Barrieren und Bürokratie im Land arbeiten zu lassen. Momentan versucht die Legislative, die rechtlichen Grundlagen zu schaffen und sie in internationale Standards einzuordnen.[118]

4.1.4. Vor- und Nachteile der russischen Innovationspolitik

Die russische Innovationspolitik hat sich in den letzten Jahren verbessert, aber ihre größtes Problem bleibt eine unzureichende Koordination zwischen den drei grundlegenden Komponenten: in den Bereichen Forschung und Entwicklung, dem Hochschulsektor und dem Unternehmenssektor.[119] Dennoch kann die heutige Innovationspolitik ein gut funktionierendes NIS aufbauen, das viele Vorteile besitzt.

Dazu gehören:[120]

1. Die Nutzung der Erfahrung anderer Länder durch die russische Regierung, um eine effektivere NIP zu erhalten.

2. Der Versuch, die NIP den westlichen Standards anzupassen, z.B. in einer rechtlichen Regulierung.

3. Das Einschalten des Privatsektors, z.B. bei der Finanzierung von Forschungsprojekten.

---

[116] Vgl. Muchamed'jarov (2008), S. 130 ff.; Goncarenko (2009), S. 58 ff.
[117] Vgl. Goncarenko (2009), S. 57.
[118] Vgl. Goncarenko (2009), S. 60.
[119] Vgl. Ministry of education and science of the Russian Federation (2009), S. 109.
[120] Vgl. European Commission (2007), S. 3 ff.

4. Die Formulierung klarer strategischer Dokumente, z.B. Programme und Projekte auf der föderalen Ebene.

5. Hinzuziehen staatlicher Organe zur Erschaffung der Innovationspolitik.

6. Verstärkte Aufmerksamkeit seitens der Regierung auf Monitoring und Evaluation von Innovationspolitik.

Zu den Schwachpunkten zählen:[121]

1. Zu wenig Zeit zur Erschaffung einer effektiven Innovationspolitik. Die Regierung hat sich mit der Innovationspolitik erst seit den 1990er Jahren beschäftigt.

2. Eine sehr langsame und uneffektive Tätigkeit zum Erhalt einer rechtlichen Basis. Die FuE braucht dringend grundlegende Gesetze.

3. Eine schwache RIP auf regionaler Ebene. Die Regierung erteilt der Entwicklung der Regionen zu wenig Aufmerksamkeit.

4. Die RIP basiert auf einer linearen, forschungszentrierten Ideologie. Dies stammt noch aus Zeiten der UdSSR.

5. Keine Reformierung des NIS in Etappen. Es gibt zu viele Baustellen in den verschiedenen Bereichen, die nicht sinnvoll und vollständig reformiert sind. Es fehlt eine Etappenreform des NIS.

6. Zu viele Versprechungen und Reden seitens der Regierung. Dadurch erfolgte eine zu geringe Umsetzung.

7. Politischer Druck und Probleme mit der Meinungs- und Forschungsfreiheit. Unter Druck kann kein gut funktionierendes NIS aufgebaut werden.

Insgesamt können die Prozesse der Innovationspolitik in Russland allerdings positiv beurteilt werden. Trotzdem bleibt aber noch sehr viel zu tun.[122]

---

[121] Vgl. ebd.
[122] Vgl. European Commission (2007), S. 3 ff.

4.2. Finanzierungssystem

Das Finanzierungssystem hat eine führende Rolle bei der Existenz und der Weiterentwicklung jedes NIS. Es ist in zwei Bereiche gegliedert:

1. *Die staatliche* und
2. *die private Finanzierung* des FuE-Sektors.

Zur staatlichen Finanzierung gehören die Haushalte auf staatlicher, föderaler und regionaler Ebene. Zur privaten Finanzierung gehören die Mittel aus der Wirtschaft. Hierzu zählen vor allem Beiträge von Unternehmen zur Forschung sowie Geld aus privaten Stiftungen und Fonds.

4.2.1. Allgemeine Beschreibung der Finanzierungswege des russischen Innovationssystems

Bis jetzt hat das Finanzierungssystem des FuE-Bereichs in Russland mit seiner starken Abhängigkeit von staatlichen Mitteln - trotz der bisher erlassenen Reformen - noch sehr große Defizite im Vergleich zu westlichen Ländern.
Die Finanzierung besteht aus zwei Hauptquellen. Die eine ist der Haushalt. Hierzu gehören das föderale, regionale und lokale Budget. Die zweite sind „andere Mittel". Hierzu gehören zuerst eigene, erwirtschaftete Geldmittel von den Organisationen und Einrichtungen. Allerdings wurden zuletzt viele Finanzierungen von verschiedenen Stiftungen, privaten Organisationen und Unternehmen übernommen (**siehe Abb. 16**).[123]
Die gesamten Finanzierungsmittel können in 2 Gruppen eingeteilt werden - die direkten und die indirekten Finanzierungsquellen. Zur ersten Gruppe gehören: Haushalt (föderal und regional), staatliche Fonds, eigenes Kapital von FuE-Organisationen und Instituten, Kredite, Sonder-Fonds und Grants. Zur zweiten Gruppe gehören: Steuervergünstigungen und Rabatte, Steuerkredite, Kreditvergünstigungen, Leasingverträge und Zollvergünstigungen.

---

[123] Vgl. Muchamed'jarov (2008), S. 72 ff.; Surin/Molcanova (2008), S. 125 ff.

Abbildung 16: Die Hauptfinanzierungsquellen des RIS

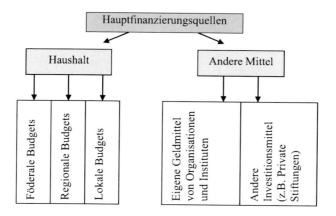

Quelle: Surin/Molcanova (2008), S. 126.

Im Jahre 2009 betrug - laut Angaben von Rosstat - der Anteil der internen Finanzierung aus dem Haushalt für FuE rund 65,0%. **(siehe Abb. 17).**

Abbildung 17: Structure of research and development intramural expenditure by sources of financing (percentage)

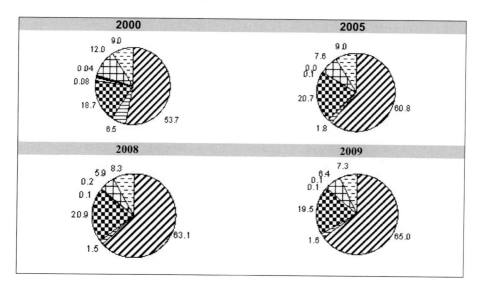

```
□ Budget funds¹⁾
▤ Extrabudget funds
▣ Entrepreneural sector's organization funds
□ Higher educational institutions funds
■ Private non-profit organizations funds
□ Foreign funds
▤ Own funds of scientific institutions
```

¹⁾ Including budgetary allocations for maintenance of higher vocational education institutions (2000 - 0.1%, 2005 - 0.2, 2008 - 0.2, 2009 - 0.3%) and fund of organizations of state sector (2000 - 13.4%, 2005 - 14.0, 2008 - 10.8, 2009 - 9.3%).

Quelle: Russia in figures - 2011, S. 348.

Aus dem Businesssektor erfolgte im gleichen Jahr eine Finanzierung von ungefähr 19,5%. Eigene Finanzmittel von Forschungseinrichtungen und Geldmittel aus Auslandsquellen betrugen nur 7,3%. Den niedrigsten Anteil an der Finanzierung halten staatliche Fonds mit 1,6%, Non-Profit-Organisationen mit 0,1% und Mittel der Universitäten und Fachhochschulen mit ebenfalls 0,1%.[124] Es lässt sich bestätigen, dass ein großer Bruch zwischen der Haushaltsfinanzierung und anderen Finanzierungsquellen besteht.

Aufgrund eines zu großen Anteils der staatlichen Mittel ist das Finanzierungssystem der FuE in Russland nicht flexibel. Es hinterlässt für die Regierung Russlands ein breites Feld an Reformen.

4.2.2. Staatliche Finanzierung

Noch in seiner Jahresansprache 2007 betonte Wladimir Putin, dass sich der russische Staatshaushalt in den letzten Jahren versechsfacht hatte.[125] Entsprechend wächst auch der Anteil der Finanzierung aus dem Haushalt für den FuE-Sektor. Als Beispiel sind Ausgaben aus dem Haushalt zu nennen. Im Vergleich zwischen 2000 und 2009 sind diese von 17.396,4 Mio. Rub. auf 219.057,6 Mio. Rub. gestiegen.[126] 2009 stiegen die Ausgaben für die Grundlagenforschung und bildeten einen Etat von insgesamt 83.198,1 Mio. Rub. entsprechend 1.976,2 Mio. Euro. Der Etat für angewandte Forschung betrug 135.859,5 Mio. Rub. entsprechend 3.227,06 Mio. Euro. Dies zeigt die zunehmende Priorität der staatlichen Finanzierung für angewandte Forschung **(siehe Tab. 6).**

---

[124] Vgl. Russia in figures - 2008, S. 348.
[125] Vgl. DFG/Helmholz Gemeinschaft/Botschaft der Bundesrepublik Deutschland in Moskau (2007), S. 15 f.
[126] Wechselkurs 2009: 1,-- Euro/36,-- Rub.

Tabelle 6: Financing of science from the federal budget[1]

	2000	2005	2006	2007	2008	2009
Expenditures of the federal budget:						
Mio. Rub.	17396.4	76909.3	97363.2	132703.4	162115.9	219057.6
including:						
fundamental research	8219.3	32025.1	42773.4	54769.4	69735.8	83198.1
application scientific research	9177.1	44884.2	54589.8	77934.0	92380.1	135859.5
percentage of						
expenditures of the federal budget	1.69	2.19	2.27	2.22	2.14	2.27
gross domestic product	0.24	0.36	0.36	0.40	0.39	0.56

[1] 2000, 2005, 2006 - according to Annex 2 to Federal Law „Execution of the Federal Budget"; 2007, 2008, 2009 - reports on execution of consolidated budget and State non-budgetary funds (according to the data of Federal Treasury as of January 1 of correspondent year).

Quelle: Russia in figures - 2011, S. 348.

Der andere Hauptbestandteil der staatlichen Finanzierung fließt in das Ministerium für Bildung und Wissenschaft (MON). Seine Finanzierung lag im Jahr 2008 bei 317,9 Mio.[127] Der größte Teil des Gesamthaushalts geht allerdings an die Agenturen des Ministeriums. ROSNAUKA erhielt ca. 506,5 Mio. Euro und ROSOBRAZOVANIE im gleichen Jahr 6.509,5 Mio. Euro. Das Budget der Russischen Akademie der Wissenschaft (RAN) betrug 777,0 Mio. Euro.[128] Die RAN soll allerdings in den folgenden Jahren eine größere Finanzierung erhalten.

Eine wichtige Rolle bei der Planung des Budgets spielen unabhängige Wissenschafts-Förderorganisationen der Russischen Föderation, wie die Russische Stiftung für Grundlagenforschung (RFFI). Das Budget der RFFI steigt jährlich um weitere 25%. Das heißt, dass die Grundlagenforschung in Russland nach vielen Jahren der Unterfinanzierung wieder an Bedeutung gewinnt.[129]

Eine großer Teil der Finanzierung aus dem Haushalt erhalten auch föderale Prioritätenprogramme, z.B. die Realisierung des Föderalen Raumfahrtprogramms 2006 - 2015 kostete im Jahre 2008 genau 320,4 Mio. Euro. Momentan werden zur Umsetzung der föderalen Prioritätenprogramme gewaltige Summen mobilisiert.[130]

---

[127] Wechselkurs 2008: 1,-- Euro/36,-- Rub.
[128] Vgl. www1.minfin.ru (Stand: 06.12.11) und DFG/Helmholz Gemeinschaft/Botschaft der Bundesrepublik Deutschland in Moskau (2008), S. 9 f.
[129] Vgl. ebd., S. 12.
[130] Vgl. ebd.

Auch „Präsidenten-Grants" für den FuE-Bereich sind aus dem Haushalt finanziert (siehe Abb. 18).

Abbildung 18: Präsidenten-Grants

Die Grants werden seit 1996 für 2 Jahre zur Finanzierung von Grundlagenforschung in folgenden Bereichen zur Verfügung gestellt:
- **Mathematik und Mechanik**
- **Physik und Astronomie**
- **Chemie, neue Materialien und chemische Technologien**
- **Biologie, Biotechnologie und Landwirtschaftswissenschaften**
- **Geowissenschaften, Umweltwissenschaften und Naturmanagement**
- **Gesellschafts- und Geisteswissenschaften**
- **Medizin**
- **Technische und Ingenieurwissenschaften**
- **Informatorische Fernübertragungsnetze und Technologien**

Quelle: DFG/Helmholz Gemeinschaft/Botschaft der Bundesrepublik Deutschland in Moskau (2007), S. 21-22.

Die Finanzierung des RIS aus dem föderalen Budget steigt in Russland seit Jahren genauso wie für grundlegende und angewandte Forschung. Dadurch versucht die Regierung, den FuE-Bereich zu entwickeln. Dafür werden verschiedene Wettbewerbe und Grants zur Verfügung gestellt. Dies soll den FuE-Sektor für die jüngere Generation attraktiver machen.

4.2.3. Andere Finanzierungsquellen

In der Russischen Föderation existieren neben dem Haushalt weitere Finanzierungsmittel für den FuE-Bereich, die langsam an Bedeutung gewinnen:

Eigenes Kapital oder Geldmittel von FuE-Einrichtungen
Die Bedeutung dieser Finanzierungsquelle steigt aufgrund vielfältiger Ursachen permanent an,

wie dem Fehlen von Geldmitteln aus dem Haushalt, der Mangelhaftigkeit des russischen Kreditsystems, insbesondere zu hoher Kreditpreise, ausbleibender Interessen von privaten Banken zur Förderung von FuE- Einrichtungen und Komplikationen bei Kreditausgaben.[131] Das eigene Kapital besteht meistens aus Gewinnen, die aus dem Verkauf von Forschungsproduktionen wie Patenten, Erschaffungen und Lizenzen, Know-how, Rezepten und neuen Produkten, aus Dienstleistungen, aus dem Verkauf von alten oder nicht mehr verwendeten Anlagen sowie aus Ausschreibungen erwirtschaftet werden.[132]

Projektfinanzierung

Für Russland ist die Projektfinanzierung eine neue Form der Finanzierungsart. Unter Projektfinanzierung versteht man eine Finanzierung durch Banken, die einzelne Projekte finanzieren. Dieser Typ der Finanzierung ist in Russland den 90er Jahren des vorigen Jahrhunderts entstanden. Die Hauptakteure dieser Finanzierung sind Privatbanken. In den letzten Jahren schlossen sich dieser Gruppe auch vermehrt internationale Finanz-Organisationen und private Unternehmen an.[133]

Auslandsfinanzierung

In letzter Zeit stieg der Anteil der Finanzierungsmittel aus dem Ausland. Die Finanzierung erfolgt: 1. durch private, ausländische Unternehmen, die eine Ausarbeitung einer konkreten Neuerung bestellen oder ein konkretes Forschungsprojekt unterhalten; 2. durch Krediten aus Auslandsbanken, z.B. für den Einkauf einer neuen Forschungsanlage; 3. durch private Unternehmen, die in der Form eines Joint Ventures gegründet wurden und im FuE-Bereich tätig sind und einen Teil ihrer Finanzierung aus dem Ausland erhalten; 4. durch staatliche Einrichtungen und Institutionen verschiedener Länder, die die FuE in Russland fördern; 5. durch zahlreiche ausländische Fonds und Stiftungen, die verschiedene Projekte finanzieren, Grants zur Verfügung stellen und private Personen fördern.

Als Beispiel solcher Finanzierungen sind verschiedene deutsche Einrichtungen zu nennen: Das Bundesministerium für Bildung und Forschung unterstützt im Bereich der Laserforschung und Lasertechnik ca. 150 Projekte mit ca. 10. Mio. Euro.[134] Auch wurde die deutsch-russische Fachvereinbarung „Polar- und Meeresforschung" 1995 unterschrieben und viele ihrer Projekte

---

[131] Vgl. Muchamed'jarov (2008), S. 74.
[132] Vgl. Verordnung über Buchführung in Russische Föderation PBU 9/99 und PBU 10/99.
[133] Vgl. Muchamed'jarov (2008), S. 75.
[134] Vgl. http:// www.bmbf.de (Stand: 08.03.09).

wurden mit mehr als 30 Mio. Euro aus dem BMBF-Haushalt gefördert.[135] Im Jahr 2007 gab es eine Förderung von der Alexander-von-Humboldt-Stiftung (AvH) für 12 Partnerschaften russischer und deutscher FuE-Institutionen. Viele russische Studenten waren Stipendiaten dieser Stiftung.[136] Am 20. Juni 2008 haben die Helmholtz-Gemeinschaft deutscher Forschungszentren und die Russische Agentur für Atomenergie (ROSATOM) ein gemeinsames Forschungszentrum gegründet, das FAIR - Russia Research Center (FRRC). Das Zentrum wird gemeinsam durch ROSATOM und die Helmholtz-Gemeinschaft mit jeweils 1,26 Mio. Euro (für den Zeitraum von 3 Jahren) finanziert.[137] Allgemein kommen die Geldströme in Russland aus den USA, den EU-Ländern wie Deutschland, Holland, Frankreich und einigen asiatischen Ländern wie Japan und Südkorea.

Risikokapitalfonds

In den letzten Jahren beschäftigt sich die russische Regierung mit der Entwicklung von Risikokapitalfonds. Diese Fonds sollen neue Investoren gewinnen. Als Investoren der Risikokapitalfonds dienen in Russland große Unternehmen, Banken, Privatpersonen und private Stiftungen immer für ein konkretes Projekt. Aber diese Form der Finanzierung ist noch nicht weit entwickelt.

Finanzierung durch Leasing

Als Form der Finanzierung des FuE-Bereichs existiert Leasing noch nicht lange. Diese Form ist entstanden, weil die Forschungstätigkeit oft Gelder für teuere Anlagen benötigt.[138]

Private Investitionen

Diese Möglichkeit befindet sich in Russland in der Entwicklung und hat verschiedene Formen, z.B. den Abschluss unterschiedlicher Verträge zwischen staatlichen FuE-Einrichtungen und privaten Firmen zur Ausübung einer gemeinsamen Innovationstätigkeit.[139]

4.3. Forschungssystem

Das russische Forschungssystem enthält eine Vielzahl staatlicher Einrichtungen. Hierzu zählen

---

[135] Vgl. http://www.kooperation-international.de/russland (Stand: 08.03.09).
[136] Vgl. http://www.avh.de (Stand: 08.03.09).
[137] Vgl. http://www.kooperation-international.de/russland (Stand: 08.03.09).
[138] Russisches Föderales Gesetz „Über Leasing". Im Internet: http://www.leasingportal.ru/liz_18.shtml (Stand: 26.02.09).
[139] Vgl. Surin/Molcanova (2008), S. 130.

verschiedene Ministerien, Agenturen und föderale Dienste, die im FuE-Bereich tätig sind. Die Struktur des Forschungssystems in Russland ist stark von den Zeiten der UdSSR geprägt. Die Regierung versuchte immer, eine große Anzahl an Reformen durchzusetzen, um das Forschungssystem zu modernisieren. Dazu gehören eine Reformierung der Russischen Akademie der Wissenschaft, eine Neugründung der föderalen Raumfahrtagentur und eine Umstrukturierung der föderalen Agentur für Atomenergie. Diese wurden eingerichtet, um das russische RIS effektiver zu machen und den internationalen Anforderungen anzupassen.

4.3.1. Das Ministerium für Bildung und Wissenschaft der Russischen Föderation (MON)

Das MON wurde 2004 nach der Umstrukturierung des Ministeriums für Bildung und des Ministeriums für Industrie, Wissenschaft und Technologie gegründet. Zu den Hauptaufgaben des MON gehören: 1. Die Erstellung von Gesetzesentwürfen; 2. Die Ausarbeitung der wissenschaftspolitischen Leitlinien; 3. Die Annahme der Durchführungsbestimmungen und Gesetzgebungsmaßnahmen.[140]

Das MON wird von zwei Agenturen und zwei Diensten unterstützt:

Agentur für Wissenschaft und Innovationen (ROSNAUKA)

Die Aufgaben sind die Umsetzung der forschungspolitischen Ziele des MON in Form von Programmen und Ausschreibungen sowie die Förderung von Innovationen und technologieintensiven Forschungsvorhaben. Die Aufgabenbereiche sind föderale Zielprogramme der russischen Regierung und Präsidenten-Grants (Förderung von Nachwuchswissenschaftlern) sowie die Förderung wissenschaftlicher Schulen.[141] Eine Gruppe von Wissenschaftlern, die aufgrund gemeinsamer Forschung miteinander verbunden sind, nennt sich „Wissenschaftliche Schule". Hier wird der wissenschaftliche Nachwuchs ausgebildet.

Diese Schule muss mindestens 10-12 Mitglieder haben und besteht aus dem Schulleiter und Forschern bis maximal 35 Jahren. Im Jahre 2006 erhielten bis zu 650 Schulen diese Förderung. Die Förderung wird bis maximal 2 Jahre gewährt. Die Bereiche sind:[142]

- Mathematik und Mechanik

- Gesellschafts- und Geisteswissenschaften

---

[140] Vgl. http://www.mon.gov.ru/ (Stand: 27.02.12).
[141] Vgl. http://www.fasi.gov.ru/ (Stand: 27.02.12).
[142] Vgl. DFG/Helmholz Gemeinschaft/Botschaft der Bundesrepublik Deutschland in Moskau (2007), S. 24.

- Biologie, Landwirtschaftswissenschaften und Technologien der „lebendigen Systeme"[143]

- Physik und Astronomie

- Chemie, neue Materialien und chemische Technologien

- Geowissenschaften, Umweltwissenschaften und Naturmanagement

- Informatorische Fernübertragungsnetze und Technologien

- Medizin

- Militärtechnologien

- Technische und Ingenieurwissenschaften

Die meisten wissenschaftlichen Schulen - 344 - befinden sich im Gebiet von Moskau. 69 Schulen liegen in St. Petersburg, 55 in Novosibirsk, 22 in Ekaterinburg und 17 in Nizhny Novgorod. Die restlichen Schulen befinden sich z.B. in Kazan, Irkutsk, Vladivostok. Aber deren Anzahl ist gering und variiert nur zwischen 1 und 10 Schulen.[144]

Föderale Agentur für Bildung (ROSOBRAZOVANIE)

Die Hauptaufgabe ist die Bildungsförderung. Seit 2006 leitet die Agentur für Bildung gemeinsam mit dem MON das nationale Prioritätsprojekt „Bildung".

Ziele des Nationalen Projektes „Bildung" sind:[145]

- Unterstützung der Schulen und Hochschulen, die innovative Bildungsprogramme ausarbeiten; Förderungen für Hochschulen betragen zwischen 200 und 500 Mio. Rub. (ca. 5,1 - 12,7 Mio. Euro); Förderungen für Schulen betragen 1 Mio. Rub. (ca. 25.500 Euro)[146]

- Internetanschluss

- Begabtenförderung

- Organisierte Berufsbildung wehrpflichtiger Militärangehöriger

---

[143] Unter „lebendigen Systemen" versteht man in Russland: Biotechnologie, Medizintechnik und medizinische Geräte.
[144] Vgl. DFG/Helmholz Gemeinschaft/Botschaft der Bundesrepublik Deutschland in Moskau (2007), S. 24.
[145] Vgl. http://www.ed.gov.ru/ (Stand: 27.02.12).
[146] Wechselkurs vom 01.04.2012: 1,-- Euro/39,1-- Rub.

- Vernetzung von Businessschulen und nationalen Universitäten
- Förderung der besten Lehrer
- Gehaltszuschüsse für Klassenleiter
- Schulbusse für ländliche Gebiete
- Verbesserung der Ausbildungseinrichtungen in ärmeren Regionen

Mit diesen Projekten sollen Lehrer, begabte junge Wissenschaftler und innovative Hochschulen gefördert werden. Im Jahr 2007 erhielten die größte Förderung die Staatliche Universität Novosibirsk, die Staatliche Polytechnische Universität St. Petersburg, die Staatliche Elektrotechnische Universität St. Petersburg, die Polytechnische Universität Tomsk und die Staatliche Technische Universität Vladivostok. Die Summen betrugen jeweils zwischen 800 Mio. Rub. und 930 Mio. Rub.[147]

Föderaler Dienst für Aufsicht in Bildung und Wissenschaft (ROSOBRNADZOR)
Der föderale Dienst hat die Aufgaben der Lizenzvergabe, Akkreditierung und Attestierung der Bildungs- und Wissenschaftseinrichtungen. Er sichert die Qualität und Kontrolle in Bildung und Wissenschaft, die Anpassung der Ausbildungsprogramme an internationale Standards (Umsetzung des Bologna-Prozesses), Attestierung der Wissenschaftler und Lehrer sowie die Durchführung staatlicher Attestierung der Schüler (Gewährleistung einheitlicher, staatlicher Prüfungen).[148]

Föderaler Dienst für intellektuelles Eigentum, Patent und Warenzeichen (ROSPATENT)
Der föderale Dienst kümmert sich um die Schutzrechte des geistigen Eigentums (Registrierung, Überwachung, wirtschaftliche Nutzung).[149]

Diese Institutionen bilden die hauptstaatliche Verwaltung in den Bereichen Wissenschaft, Bildung und Innovationen **(siehe Abb. 19)**.

---

[147] Vgl. DFG/Helmholz Gemeinschaft/Botschaft der Bundesrepublik Deutschland in Moskau (2007), S. 26.
[148] Vgl. http://www.obrnadzor.gov.ru/ (Stand: 27.02.12).
[149] Vgl. http://www.fips.ru/ (Stand: 27.02.12).

Abbildung 19: Staatliche Hauptverwaltung in Wissenschaft, Bildung und Innovation

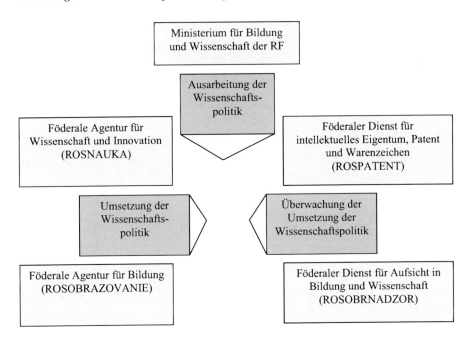

Quelle: DFG/Helmholz Gemeinschaft/Botschaft der Bundesrepublik Deutschland in Moskau (2007), S. 19.

4.3.2. Die Russische Akademie der Wissenschaften (RAN)

Die RAN hat im russischen Forschungssystem eine bedeutende Rolle. Sie wurde im Auftrag von Kaiser Peter I. durch das Dekret des kaiserlich-russischen Senats am 28. Januar 1724 gegründet und durch Dekret des Präsidenten am 21. November 1991 als höchste wissenschaftliche Institution Russlands bestimmt.

Nach einer Umstrukturierung im Jahre 2002 wurde sie von 18 auf 9 Abteilungen verringert Mathematik, Physik, Sozialwissenschaften, Energie und mechanische Ingenieurswissenschaften, Biologie, Nanotechnologien und Informationstechnologien, Chemie und Materialwissenschaften, Geowissenschaften, Geschichte und Philologie. Die Russische Akademie der Wissenschaften besitzt drei regionale Abteilungen: Die Akademie der Wissenschaften des Fernen Ostens, die Sibirische Akademie der Wissenschaften und die Akademie der Wissenschaften im Ural. Außerdem ist sie die größte Wissenschafts-Organisation der Welt. Sie hat 451 Einrichtungen und

115.400 Angestellte.[150]

Das Hauptziel der Russischen Akademie der Wissenschaften ist die Organisation und Durchführung der Grundlagenforschung und die Erlangung neuer Erkenntnisse über die Gesetze der Natur, Gesellschaft, Menschenrechte und Beteiligung an der technologischen, wirtschaftlichen, sozialen und geistigen Entwicklung von Russland.

4.3.3. Die Föderale Raumfahrtagentur (ROSKOSMOS)

Die Agentur wurde 1992 gegründet. Sie ist zuständig für das zivile Raumfahrtprogramm des Landes. Außerdem erforscht sie das Weltall und führt die internationale Zusammenarbeit mit den USA, der EU und Asien durch.

Ihre wichtigste Funktion ist es, den Betrieb des russischen Weltraumbahnhofs "Baikonur" und alle dabei zu erledigenden Arbeiten zu organisieren. Darüber hinaus wird unter der Führung der russischen Raumfahrtbehörde ein neuer russischer Weltraumbahnhof gebaut und betrieben. Außerdem realisiert die Federal Space Agency ein Projekt des Bundesministeriums GLONASS. Das Global Navigation Satellite System (GLONASS) - das sowjetische und russische Satelliten-Navigationssystem - wird für das Verteidigungsministerium entwickelt.[151]

4.3.4. Die Föderale Agentur für Atomenergie (ROSATOM)

Am 01.03.2007 ist das von der Staatsduma verabschiedete Gesetz zur „Reform der Nuklearindustrie" in Kraft getreten. Nach diesem Gesetz behält der Staat weiterhin die Kontrolle auf diesem Sektor. Die ROSATOM wurde umstrukturiert. Die Agentur ist nun verantwortlich für das gesamte Gebiet der Kernenergie Russlands und außerdem noch für die internationale Zusammenarbeit im Bereich der Kernenergiesicherheit.

Die staatliche Korporation ROSATOM vereint mehr als 250 Unternehmen und Forschungseinrichtungen, einschließlich der gesamten zivilen Nutzung der Kernenergie in Russland, und ist im Besitz der weltweit einzigen Atomeisbrecher-Flotte. Sie ist das größte generierende Unternehmen in Russland und liefert mehr als 40% der Elektrizität in den europäischen Teil des Landes.

---

[150] Vgl. http://www.ras.ru/ (Stand: 27.02.12).
[151] Vgl. http://www.federalspace.ru/ (Stand: 27.02.12).

ROSATOM besitzt eine führende Position im globalen Markt der nuklearen Technologien, insbesondere nimmt sie weltweit den ersten Platz beim Bau von Kernkraftwerken im Ausland, den zweiten Platz bei den Uranreserven, den fünften Platz bei der Produktion und den vierten Platz bei der nuklearen Stromerzeugung ein. Außerdem hält ROSATOM rund 40% des globalen Marktes bei der Urananreicherung und 17% im Kernbrennstoff-Markt.[152]

Die staatliche Korporation sorgt für die Umsetzung der staatlichen Politik und Verwaltung. Sie ist auch mit der Aufgabe betraut, die internationalen Verpflichtungen Russlands auf dem Gebiet der friedlichen Nutzung der Kernenergie und der Nichtverbreitung von Kernmaterial einzuhalten. Die Gründung des ROSATOM soll die Umsetzung des föderalen Zielprogramms für die Entwicklung der Atomindustrie erleichtern, um neue Bedingungen zur Entwicklung der Kernenergie in Russland zu erhalten und bestehende Wettbewerbsvorteile im globalen Markt der nuklearen Technologien zu stärken.[153]

4.3.5. Das Staatliche Unternehmen für Nanotechnologie (RUSNANO)

Das russische Unternehmen „RUSNANO" wurde im März 2011 durch die Reorganisation der staatlichen Korporation „Russian Corporation of Nanotechnologies" gegründet. Das Unternehmen „RUSNANO" implementiert die staatliche Politik im Bereich der Entwicklung der Nanotechnologie und investiert in Nanotechnologie-Projekte mit erheblichem wirtschaftlichen oder sozialen Potenzial. Der Staat besitzt 100% der Anteile von „RUSNANO". Vorsitzender des Vorstands von "RUSNANO" ist Anatoli Tschubais.[154]

Die Grundprinzipien der Tätigkeit des Unternehmens sind:[155]

1. Realisierung des öffentlichen Interesses. Das Unternehmen vertritt die Interessen der Russischen Föderation auf dem Gebiet der Nanotechnologie und ist Hauptkoordinator eines Teils der russischen Innovationspolitik. Dieser Teil richtet sich hauptsächlich auf die Kommerzialisierung von Forschungs- und Entwicklungsaktivitäten.

2. Kommerzielle Ausrichtung. Der Investment-Bereich des Unternehmens soll positive Geschäftsergebnisse erzielen und eine Beteiligung von privatem Kapital an der Nanotechnologie-Industrie erhalten.

---
[152] Vgl. http://www.rosatom.ru/ (Stand: 27.02.12).
[153] Vgl. ebd.
[154] Vgl. www.rusnano.ru (Stand: 14.03.12).
[155] Vgl. ebd.

3. Effizienz. Um diese Ziele zu erreichen, nutzt das Unternehmen - angesichts der bestehenden Grenzen und zur Vermeidung unnötiger Kosten - die effizienteste Allokation der Ressourcen.

4. Regionale Entwicklung. Das Unternehmen leistet einen Beitrag zur Entwicklung innovativer Verfahren im Bereich der Nanotechnologie in allen Regionen der Russischen Föderation.

5. Öffentlichkeit und Offenheit. Die Korporation ist für die Zusammenarbeit mit allen russischen und ausländischen Unternehmen zur Erreichung ihrer Ziele offen. Die Gesellschaft unterrichtet alle Teilnehmer des Innovationsprozesses und die Öffentlichkeit über ihre laufenden Aktivitäten und die Ergebnisse.

6. Koordinierung gemeinsamer Aktivitäten. Die Gesellschaft wird ihre Aktivitäten mit anderen entwicklungspolitischen Institutionen und Teilnehmern des Innovationsprozesses im Bereich der Nanotechnologie koordinieren.

7. Risikominderung und Beseitigung von Marktbarrieren. Das Unternehmen zielt darauf ab, wissenschaftliche, technologische und Marktrisiken aller Beteiligten des Innovationsprozesses im Bereich der Nanotechnologie zu verringern. Die Unternehmen können die Risiken, die im Zusammenhang mit der Entwicklung der Nanotechnologie in den wichtigsten Bereichen des Innovationsprozesses miteinander verbunden sind, ganz oder teilweise akzeptieren.

8. Schaffung notwendiger Voraussetzungen. Das Unternehmen sorgt für eine Erhöhung der Anzahl der Teilnehmer des Innovationsprozesses und wird nicht mit den kommerziellen Einrichtungen konkurrieren.

4.3.6. Staatliche Forschungszentren

Der größte Forschungssektor in der ehemaligen Sowjetunion war mit rund 75% der militärisch-industrielle Bereich. Dessen Forschungsinstitute waren den Industrie- oder den Verteidigungsministerien zugeordnet. Die Institute wurden nach dem Ende der Sowjetzeit verkleinert. Im Jahr 1993 wurden gemäß Verordnung einigen Forschungsinstituten der Status eines „Staatlichen Forschungszentrums" zuerkannt. Von den 58 Einrichtungen befindet sich die

Mehrheit in der Moskauer Region. Die Forschungsgebiete entsprechen den Vorgaben der Regierung, insbesondere in der Biotechnologie, der Aeronautik, der Kernforschung und der Elektronik.

Diese neuen Zentren sind als Prototypen für die Zukunft gedacht, und auch Zweigstellen von führenden Unternehmen und Hochschulen sollen dort eingerichtet werden. Der Bau wird voraussichtlich 3-7 Jahre dauern und vorläufig ca. 120 Mrd. Euro kosten.[156]

Besondere Aufmerksamkeit verdient das Projekt des Kremls über das Innovationszentrum „Skolkovo". In Skolkovo - einen Dorf in der Nähe von Moskau - wird momentan von der Regierung ein modernes Forschungszentrum errichtet. Dort sollen ca. 30.000 - 40.000 Wissenschaftler und Ingenieure arbeiten. Die Wirtschaftselite Russlands soll dagegen in der Moskauer-Management-Schule „Skolkovo" ausgebildet werden.[157] Es wurde entsprechend dem „Silicon Valley" in den USA geplant[158] und soll als Forschungs- und Industriekomplex zur Entwicklung und Realisierung hochmoderner Technologien dienen. Abgeleitet aus den Worten des damaligen russischen Präsidenten Medwedew im Interview über „Skolkovo", soll das Innovationszentrum in fünf Bereichen der Modernisierung Russlands helfen - diese sind: Energie, Informationstechnologie, Telekommunikation, Biomedizin und Atomtechnologien.[159] In „Skolkovo" herrschen besondere wirtschaftliche Bedingungen für Unternehmen, die in den vorrangigen Bereichen zur Modernisierung der russischen Wirtschaft arbeiten.

Das entsprechende Föderale Gesetz der Russischen Föderation N 244-FZ „Über das Innovationszentrum „Skolkovo" wurde vom russischen Präsidenten Dimitri Medwedew am 28. September 2010 unterzeichnet.[160] Das Innovationszentrum liegt ca. 20 km. entfernt von Moskau. Es soll 2015 fertiggestellt sein. Die Projektkosten betragen mehrere Milliarden Euro. Die Fläche umfasst ca. 400 Hektar.

Bereits vor der Bauphase gab es zahlreiche Kritik an diesem Projekt:[161] 1. *Transportprobleme*. Der Bau von „Skolkovo" kann die bereits schwierige Verkehrssituation in Moskau und Umgebung noch verschlechtern; 2. *Platzmangel*. 400 Hektar sind zu wenig für ein solches Projekt. „Silicon Valley" in den USA hat eine Gesamtfläche von ca. 400.000 Hektar; 3.

---

[156] Vgl. http://www.rc.edu.ru/rc/ (Stand: 14.05.10).
[157] Vgl. http://www.skolkovo.ru (Stand: 17.05.12).
[158] Vgl. http://biz-russia.com/russia-news/science-technology-news/46-innograd-skolkovo (Stand: 19.03.12).
[159] Rede des russisches Präsident Medwedew am 18.03.10 RIA Nachrichten. Im Internet: http://ria.ru/science/20100318/215146918.html (Stand: 19.03.12).
[160] Vgl. Federal'nyj zakon Rossijskoj Federazii ot 28.09.2010 g. № 244-FZ. „Ob innovazionnom zentre „Skolkovo". Im Internet: http://www.rg.ru/2010/09/30/skolkovo-dok.html (Stand: 19.03.12).
[161] Vgl. Mauder (2010). Im Internet: http://www.handelsblatt.com/technologie/forschung-medizin/forschung-innovation/innograd-moskau-plant-ein-eigenes-silicon-valley/3427130.html (Stand: 19.03.12).

Probleme in der russischen Wirtschaft. Es gibt Meinungen, dass „Skolkovo" nicht in der Lage sein wird, die russische Wirtschaft innovativ zu unterstützen, besonders weil der Wirtschaftssektor dringend reformbedürftig ist. In dieser Situation bevorzugen die russischen Unternehmen Innovationen aus dem Ausland zu kaufen, anstelle selbst kreativ zu werden; 4. *Erfahrungsmangel.* Keine ausreichende Erfahrung mit Technoparks und Naukograds im wesentlichen Sinne. Russland hat in den letzten Jahren zwar relativ viele Technoparks und Naukograds entwickelt, aber leider funktionieren diese nicht richtig; 5. *Zu hohe Kosten des Projekts.* Es gibt Meinungen, dass man das Geld besser in bereits vorhandene Technoparks und Naukograds investieren sollte. Es bleibt daher abzuwarten, ob das „Skolkovo" die Erwartungen erfüllen kann.

4.3.7. Technoparks, Naukograds und Sonderwirtschaftszonen

Technoparks

Unter Technoparks versteht man Komplexe, die sich mit der Erschaffung von neuen Ideen, ihrer Entwicklung, Vorbereitung einer neuen Produktion und ihrer Markteinführung beschäftigen. Die Idee der Technoparks gab es bereits zur Zeit der UdSSR, aber deren Realisierung hat erst Anfang der 1990er Jahre des vorigen Jahrhunderts begonnen. Momentan gibt es mehr als 80 Technoparks.[162]

Zur Sicherung der Entwicklung der hochtechnologischen Bereiche und einer Stimulierung der Wirtschaftssektoren wurde das staatliche Programm zum „Aufbau der Technoparks im Bereich der Spitzentechnologien in der RF" verabschiedet. Im Jahre 2010 investierte der Staat mehr als 3 Mrd. Euro in die Förderung der Technoparks im Bereich der Spitzentechnologien.[163]

Die Gründer der Technoparks sind wissenschaftliche Zentren und Universitäten. Aber es können auch Industrieunternehmen und private Firmen sein.

Naukograds

In der Zeit der Sowjetunion waren Naukograds (wissenschaftliche Städte) ein Teil des militärisch-industriellen Komplexes in Form einer in sich geschlossenen Stadt.
Nach dem Zusammenbruch der UdSSR haben diese Städte schwierige Zeiten durchlebt. Viele Forschungs- und Militäreinrichtungen mussten geschlossen werden. Erst durch eine Reformierung zu Beginn der 90er Jahre des vorigen Jahrhunderts haben sich diese Städte

---
[162] Vgl. Surin/Molcanova (2008), S. 111.
[163] Vgl. Surin/Molcanova (2008), S. 111.

langsam erholt. Es wurde ein neues Konzept zum Erhalt dieser Städte entwickelt. Dabei entstand auch der Name „Naukograd". Gemäß dem Gesetz „Über den Status des Naukograds" haben solche Städte nunmehr ein eigenes Entwicklungskonzept, eine eigene Personal- und Wissenschaftsstruktur entwickelt und erhalten Sonderfinanzierungsmittel. Momentan gibt es 47 Naukograds, wie z.B. Peterhof (neben St. Petersburg); Dubna, Zukovsij, Korolov (Raum Moskau); Kolstovo (Raum Novosibirsk), etc.[164]

Sonderwirtschaftszonen

Das sind Gebiete der RF, die eine bestimmte Unternehmenstätigkeit und Sonderbedingungen erhalten. Gemäß dem Gesetz „Über die Sonderwirtschaftszonen der Russischen Föderation" gibt es drei Typen von Sonderwirtschaftszonen: industriell-betriebliche, technisch-implementierende und touristische Erholungszonen. In diesen Zonen garantiert der Staat zuerst den Abbau der administrativen Barrieren und eine staatliche Finanzierung der Infrastrukturen. Im Bereich der Steuer- und Zollvergünstigungen werden Senkungen der Einkommensteuer, der Sozialsteuer und der Transportsteuer garantiert.

Die Hauptziele der Sonderwirtschaftszonen sind: 1. Die Entwicklung hochtechnologischer Wirtschaftsbereiche, des Exports, des Tourismus und von Kurortbereichen; 2. Die Stimulation der Innovationstätigkeiten privater russischer Unternehmen.[165]

4.3.8. Staatliche Stiftungen

Es gibt viele staatliche Stiftungen, die durch die Regierung von Russland in den letzten Jahren gegründet wurden. Hauptziele dieser Stiftungen sind die Unterstützung des FuE-Sektors. Sie finanzieren verschiedene Forschungsprojekte und vergeben Grants und Stipendien.

4.3.8.1. Die Russische Stiftung für Grundlagenforschung (RFFI)

Die russische Stiftung für Grundlagenforschung (RFFI) wurde aufgrund des Erlasses Nr. 426 vom 27. April 1992 auf Initiative der größten Wissenschaftler des Landes gegründet. Die russische Stiftung für Grundlagenforschung ist eine staatliche, sich selbst verwaltende, nicht-kommerzielle Bundesbehörde, deren Hauptziel es ist, die Forschung in allen Bereichen der

---

[164] Vgl. ebd., S. 121.
[165] Vgl. Federal'nyj zakon Rossijskoj Federazii ot 22.06.2005 g. № 116-FZ. „Ob osobych ekonomiceskich zonach v Rossijskoj Federazii". Im Internet: http://base.consultant.ru/cons/cgi/online.cgi?req=doc;base=LAW; n=64713 (Stand: 27.02.09).

Grundlagenforschung auf wettbewerblicher Basis zu unterstützen. Ziel ist außerdem, eine neue Beziehung zwischen Staat und seinen Wissenschaftlern zu erhalten.

Die Entstehung der RFFI bedeutete eine radikal neue Form der Organisation der russischen Wissenschaft. Dies eröffnete den Wissenschaftlern mehr Möglichkeiten, sich kreativ auszudrücken und eine eigene Wahl der Forschungsthemen vorzunehmen. Dadurch können sie sich besser auf ihre eigentliche Arbeit konzentrieren.

Leiter der RFFI waren bekannte russische Wissenschaftler. Im Zeitraum von 1992 bis 2008 fanden sechzehn Zyklen von Wettbewerben in allen Bereichen der Natur- und Geisteswissenschaften, und ab 2005 in den Grundlagen der Ingenieurwissenschaften, statt. Seit 1997 begann die RFFI die Organisation von gemeinsamen regionalen Wettbewerben mit den Behörden der Russischen Föderation. Seit 2004 führt die Stiftung Wettbewerbe für die Grundlagenforschung der Initiative zur Förderung der Ergebnisse der Projekte in den RFFI-Anwendungsbereichen durch.

Die Jahre 2006 bis 2008. In diesen Jahren hat die Stiftung begonnen, die Wettbewerbe gemeinsam mit verschiedenen russischen Behörden durchzuführen. Dadurch wurden zusätzliche Gelder zur Durchführung der Forschungstätigkeiten gewonnen. Im Jahr 2007 startete die Stiftung ein Programm, um junge Wissenschaftler aus Russland und den GUS-Ländern zu unterstützen. Mit RFFI arbeiten Wissenschaftler aus mehr als 4.000 Organisationen in Russland zusammen. Mit der Unterstützung der RFFI wurden in den Jahren 1993-2008 mehr als 7.000 wissenschaftliche Konferenzen und Seminare in Russland durchgeführt. Durch Zuschüsse der RFFI besuchten 20.000 ausländische Wissenschaftler Russland, um an Konferenzen teilzunehmen. Die Mittel der RFFI wurden im Zeitraum 1993 bis 2008 durch rund 9.000 Publishing-Projekte und mit über 3.000 Bücher-Veröffentlichungen unterstützt.

Von 1998 bis 2008 fanden durch die RFFI 18 Seminare zum Thema "Die Ergebnisse der Grundlagenforschung für die Investition" statt.

Die Russische Stiftung für Grundlagenforschung bietet derzeit 13 Arten von Wettbewerben und wettbewerbsfähigen Programmen für Wissenschaftler, einschließlich internationaler Wissenschaftler an (17 Länder im Jahr 2007). Die Ergebnisse der Arbeiten wurden in mehr als 450.000 wissenschaftlichen Publikationen, darunter etwa 180.000 Zeitschriftenartikeln, veröffentlicht. Die praktische Umsetzung der neuen Grundsätze der RFFI ist, die talentiertesten Wissenschaftler herauszufinden und zu unterstützen.

Die Finanzierung des Fonds erfolgt aus dem Staatshaushalt. Weiterhin wird die Stiftung von freiwilligen Spenden von Organisationen und Einzelpersonen, die für die satzungsmäßigen Zwecke verwendet werden, unterstützt.

Um das Hauptziel zu erreichen[166]

- wählt die Stiftung die Projekte auf wettbewerblicher Grundlage aus,

- entwickelt und genehmigt die Stiftung ein Verfahren zur Prüfung von Projekten für den Wettbewerb,

- führt die Stiftung Finanzierungen ausgewählter Projekte durch,

- kontrolliert die Stiftung die Verwendung der zugewiesenen Gelder,

- unterstützt die Stiftung die internationale wissenschaftliche Zusammenarbeit auf dem Gebiet der Grundlagenforschung, einschließlich der Finanzierung von gemeinsamen Forschungsprojekten,

- erstellt und verbreitet die Stiftung Informationen und andere Materialien über ihre Tätigkeit,

- nimmt die Stiftung an der wissenschaftlich-technologischen Politik des Staates auf dem Gebiet der Grundlagenforschung teil.

4.3.8.2. Die Russische Stiftung für geisteswissenschaftliche Forschung (RGNF)

Die russische Stiftung für geisteswissenschaftliche Forschung wurde von der Regierung der Russischen Föderation am 08. September 1994 gegründet. Gemäß Erlass Nr. 1023 „Über die russische geisteswissenschaftliche Stiftung" sollen die Geisteswissenschaften staatlich gefördert werden, das menschliche Wissen in der Gesellschaft stärker verbreitet und die nationalen Traditionen der Geisteswissenschaften wiederbelebt werden.

Sie ist eine nationale gemeinnützige Organisation in Form einer Staatsbehörde, wird von der Regierung der Russischen Föderation verwaltet und übt ihre Tätigkeit im Rahmen der russischen Gesetze aus.

---

[166] Vgl. http://www.rfbr.ru/rffi/ru/rbfr_history (Stand: 14.03.12).

Die Tätigkeit der Stiftung basiert auf dem Grundsatz der Selbstverwaltung. Dieser Grundsatz besteht aus dem Recht, die Bereiche für die Forschung auszuwählen und die Spendengelder und die Budgets für entsprechende Projekte selbständig zu verteilen.

Das oberste Organ ist der Verwaltungsrat. Dieser setzt sich aus 24 Mitgliedern zusammen. An seiner Spitze stehen der Vorsitzende und sein Stellvertreter. Der Vorstand der Stiftung besteht aus russischen Wissenschaftlern, aus Leitern von Ministerien, Ämtern und Akademien sowie aus Vertretern der wichtigsten Forschungszentren und Hochschulen.

Die Stiftung nimmt ihre Aufgaben zusammen mit den föderalen Organen der Exekutive wahr. Diese Organe sind verantwortlich für die Durchführung einer einheitlichen wissenschaftlich-technologischen Politik in Russland. Sie gewährt den Wissenschaftlern entsprechend ihren Aufgaben das Recht auf Freiheit ihrer Kreativität und auf Auswahl der Richtung und Methodik der geisteswissenschaftlichen Forschung. Die Stiftung soll diese Forschung und die Verbreitung daraus resultierender Erkenntnisse in der Gesellschaft unterstützen. Um dies tun zu können, führt die Stiftung Wettbewerbe in fast allen Bereichen der Geisteswissenschaften durch: Geschichte, Archäologie, Ethnographie, Wirtschaftswissenschaften, Philosophie, Soziologie, Politikwissenschaften, Recht, Philologie, Kunstgeschichte, Psychologie und Pädagogik.

Die Projekte werden im Rahmen von Wettbewerben auf regionaler, nationaler und internationaler Ebene und durch die Förderung von wissenschaftlichen Veröffentlichungen und Büchern unterstützt. Die ausgeschriebenen Wettbewerbe finden öffentlich statt. Die Wissenschaftler können unabhängig von ihrem Alter, ihrem Geschlecht, ihrem akademischen Grad sowie ihrem Arbeitgeber daran teilnehmen.

Alle Teilnehmer durchlaufen ein mehrstufiges, unabhängiges Auswahlverfahren. Dieses System besteht aus 14 Räten. Die Mitglieder dieser Räte und die Experten der Stiftung sind mehr als 2.000 renommierte und hochqualifizierte Wissenschaftler. Sie werden seit 2010 selbst durch einen öffentlichen Wettbewerb ausgewählt.

Seit 16 Jahren hat die RGNF nunmehr über 30.000 Forschungsprojekte und mehr als 250.000 Wissenschaftler unterstützt.

Die Stiftung konnte anhand der guten Ergebnisse für die Wissenschaft ihre Effektivität aufzeigen. Heute hat sie sich zu einer der wichtigsten Finanzierungsquellen der geisteswissenschaftlichen Forschung in Russland entwickelt.[167]

---

[167] Vgl. http://www.rfh.ru/ (Stand: 14.03.12).

4.3.8.3. Die Russische Stiftung für technologische Entwicklung (RFTR)

Die russische Stiftung für technologische Entwicklung (RFTR) wurde durch die Regierung der RFSFR am 24. Dezember 1991 gegründet. Der Zweck dieser Stiftung ist, an der Realisierung der staatlichen Politik in den Bereichen Wissenschaft und wissenschaftlich-technologischer und innovativer Tätigkeit mitzuwirken. Dafür bietet die Stiftung Organisationen ihre finanzielle und beratende Unterstützung an bei der Umsetzung wissenschaftlich, technologischer Projekte und experimenteller Entwicklungen - auch durch eine internationale Zusammenarbeit.

Die Stiftung koordiniert die Umsetzung und Integration wichtiger Projekte unter Beteiligung von mittleren und großen Unternehmen.

Im Rahmen ihrer Tätigkeit veranstaltet sie Begutachtungen von wissenschaftlichen, technologischen, rechtlichen, finanziellen und wirtschaftlichen Projekten und gibt dafür entsprechende Darlehen.

Die Stiftung kooperiert mit Bildungseinrichtungen und unterstützt sie bei der Durchführung von wissenschaftlich-technologischen Projekten und der Verbesserung von Ausbildungsprogrammen. Dank jahrelanger Erfahrung bei der Finanzierung von wissenschaftlich-technologischen Projekten - insgesamt wurden ca. 6,8 Mill. Rub. für ca. 600 Organisationen investiert - besitzt die Stiftung eine einzigartige Datenbank über innovative Entwicklungen ihrer Teilnehmer. Dadurch können der Stand der technischen Ausrüstungen, die Managementkompetenzen und die Kreditfähigkeit dieser Teilnehmer erstellt werden.[168]

4.3.8.4. Die Stiftung der Infrastruktur und der pädagogischen Programme

Die Aufgaben der staatlichen Körperschaft „RUSNANO", eine Nanotechnologie-Infrastruktur, Bildungsprogramme und pädagogische Programme zu etablieren, übernahm im Wege einer Umstrukturierung im März 2011 die neugegründete Stiftung der Infrastruktur und der pädagogischen Programme.

Die wichtigsten Aufgaben und Ziele sind:[169]

- Förderung der Entwicklung heutiger Innovations-Infrastruktur im Bereich der Nanoindustrie

---

[168] Vgl. http://www.rftr.ru/ (Stand: 14.03.12).
[169] Vgl. http://www.rusnano.com/Section.aspx/Show/33516 (Stand: 14.03.12).

- Förderung einer modernen Personalpolitik in der Nanoindustrie
- Mitwirkung bei der Umsetzung staatlicher Politik im Bereich der Nanoindustrie

Die Hauptaktivitäten sind:[170]

- Entwicklung und Implementierung verschiedener Projekte und Programme im Bereich der Nanoindustrie
- Stimulation der Nachfrage
- Organisation der Maßnahmen zur Zertifizierung von Produkten und der Nanoindustrie
- Mitwirkung an einem System der statistischen Überwachung
- Erstellung wissenschaftlicher Prognosen
- Allgemeine Förderung der Nanotechnologie
- Mitwirkung an der Entwicklung institutioneller und rechtlicher Rahmenbedingungen für die Innovation
- Unterstützung der Zusammenarbeit auf nationaler und internationaler Ebene
- Durchführung von Bildungsprogrammen, beruflicher Bildung und Umschulungen
- Förderung qualifizierter Fachkräfte

4.3.8.5. Die Stiftung zur Unterstützung kleiner, innovativer Unternehmen (FASIE)

Die Stiftung zur Förderung von Kleinunternehmen in Wissenschaft und Technologie ist eine gemeinnützige Organisation und wurde am 03. Februar 1994 gegründet.
Die wichtigsten Ziele der Stiftung sind:[171]

- Die Durchführung der staatlichen Politik im Bereich der Entwicklung und die Unterstützung von Kleinunternehmen im wissenschaftlich-technologischen Bereich
- Finanzielle und allgemeine Hilfeleistung für kleine, innovative Unternehmen

---
[170] Vgl. ebd.
[171] Vgl. http://www.fasie.ru/o-fonde (Stand: 14.03.12).

- Entwicklung einer Infrastruktur
- Förderung des Aufbaus neuer Arbeitsplätze zur Nutzung vorhandener Kapazitäten
- Ausbildung von Arbeitskräften

Heutzutage führt die Stiftung innovative Entwicklungsprogramme zum Aufbau neuer und dem Ausbau bereits bestehender High-Tech-Unternehmen durch. Diese dienen der Kommerzialisierung wissenschaftlicher und technologischer Aktivitäten, der Anziehung neuer Investitionen und der Schaffung neuer Arbeitsplätze. Hierzu fördert die Stiftung finanziell mehr als 1.500 kleine, innovative Unternehmen in über 150 Städten. Inzwischen sind mehr als 21.000 Anträge im Bereich FuE gestellt worden, von denen die Stiftung mehr als 9.700 Projekte aus 75 Subjekten unterstützt.

Durch die Teilnahme kleiner, innovativer Unternehmen an den Programmen werden wissenschaftliche Ideen entwickelt, die als nachhaltige Geschäftsideen attraktiv für Investoren aus dem In- und Ausland sein sollen.

Die innovativen Projekte werden unabhängig in drei Schritten geprüft:

1. Auf ihre wissenschaftliche und technische Neuheit
2. Anhand einer Machbarkeitsstudie
3. Auf ihre Verkaufsaussichten

Die Stiftung ist in 55 Regionen der Russischen Föderation vertreten.[172]

4.3.9. Russische Fonds, die in der Wissenschaft und der Forschung tätig sind

Zu einem verbesserten Angebot an Wagniskapital hat Russland zuletzt viele Venture-Fonds gegründet. Das Ziel dieser Fonds ist, außer dass sie selbst Kapital bereitstellen, auch neue Investoren zu gewinnen und Gewinne aus ihren Anteilen an Unternehmen zu erzielen, und zwar sowohl an geförderten als auch an neugegründeten Unternehmen.

---

[172] Vgl. ebd.

4.3.9.1. Russische Venture Company (RVC)

Die OAO „Russische Venture Company" (RVC) ist ein staatlicher Fonds. Dieser ist eines der Hauptinstrumente des russischen Staates zur Bildung nationaler Innovationssysteme. Er wurde im Jahr 2006 von der damaligen Regierung gegründet. Seine wichtigsten Ziele sind die Schaffung eines Systems von Venture-Investements in Russland und die Vergrößerung des finanziellen Volumens dieser Investments. Durch die OAO „RVC" kann die Regierung Venture Investitionen realisieren und finanzielle Unterstützung im Bereich des High-Tech-Sektors geben. Außerdem gewährleistet der Fonds im globalen Maßstab die schnelle Bildung eines effektiven und wettbewerbsfähigen Innovationssystems.

Die vorrangigen Bereiche für Investitionen mit der Teilnahme von OAO „RVC" sind:

- Sicherheit und Terrorismusbekämpfung
- Biotechnologie, Medizintechnik und medizinische Geräte
- Nanotechnologie und Materialien
- Informations- und Telekommunikationssysteme
- Umweltmanagement
- Transport-, Luft- und Raumfahrt
- Energiebereich

Das Kapital der OAO „RVC" beträgt ca. 30 Mrd. Rub. Dieses Kapitals ist über die Föderale Verwaltungsagentur zu 100% Eigentum der Russischen Föderation.

Im Februar 2012 haben 104 innovative Unternehmen über die RVC Unterstützung erhalten. Der Gesamtbetrag der Investitionen beträgt bisher 9,1 Mrd. Rub.

Der Fonds hat bisher Kooperationsverträge mit 26 russischen Regionen abgeschlossen. Er führt auch internationale Tätigkeiten aus, deren Ziel der Erwerb fortschrittlicher Technologien von Wissen und Know-how ist. Außerdem unterstützt er russische innovative Unternehmen, die im Bereich der High-Technologie arbeiten, bei ihrem Eintritt auf den globalen Markt.[173]

---

[173] Vgl. http://www.rusventure.ru/ (Stand: 14.03.12).

4.3.9.2. Russischer Verband der Private Equity- und Venture Capital (RVCA)

Die Idee zur Schaffung der russischen Venture Capital Association (RVCA)[174] entstand auf einem Seminar für Führungskräfte des regionalen Wagnisfonds (RWF) und der Europäischen Bank für Wiederaufbau und Entwicklung (EBRD) im Dezember 1996 in St. Petersburg. Momentan zählt die RVCA 28 Vollmitglieder und 32 assoziierte Mitglieder.
Die Aufgaben des RVCA sind der Aufbau eines politisch und wirtschaftlich günstigen Klimas für Investitionen in Russland, die Interessenvertretung seiner Mitglieder in der Regierung, der Verwaltung, den Medien und der Wirtschaft im In- und Ausland, die Schaffung einer Informations- und Kommunikationsplattform für seine Mitglieder und die Schulung von Fachkräften für Venture Unternehmen in Russland.[175]

4.3.9.3. Russischer Venture Markt

Seit 2000 veranstaltet die RVCA die Russische Venture-Messe als zentrale jährliche Veranstaltung für Fachleute in den Bereichen Venture Kapital, Private Equity-Fonds, Investmentbanken sowie für Manager und Eigentümer innovativer kleiner und mittlerer Unternehmen, für Journalisten und Politiker aus Russland, Europa, USA und anderen Ländern.
Die Besonderheit der Venture-Messe liegt in ihrem „Club-Charakter", der eine effektive Kommunikation zwischen allen Beteiligten ermöglicht. Oft werden auf der Messe Kontakte geschlossen, die Investitionen in der Zukunft sichern sollen. Die Messe stellt den einzigen Ort in Russland dar, wo sich innovative Unternehmen der Außenwelt präsentieren und sich potentiellen Investoren zeigen können.[176]

4.3.9.4. Venture Innovationsfond (VIF)

Der Venture Innovation Fond (VIF) ist eine gemeinnützige Organisation unter staatlicher Beteiligung, der geschaffen wurde, um die wettbewerbsfähigen, technologischen Fähigkeiten von Russland weiterzuentwickeln.
Die Ziele sind:

---

[174] Auf Englisch: Russian Private Equity und Venture Capital Association (RVCA)
[175] Vgl. http://www.rvca.ru/rus/ (Stand: 14.03.12).
[176] Vgl. http://www.rvf.ru (Stand: 14.03.12).

1. Die Organisationsstruktur des Risikokapitals zu erstellen, um Investitionen für hochtechnologische Innovationsprojekte zu erhalten

2. Die vorrangige Unterstützung russischer Innovationsunternehmen

Der VIF wird finanziert von Beiträgen aus dem Ministerium für Wissenschaft und Technologie, aus der Stiftung zur Förderung von Kleinunternehmen und aus freiwilligen Beiträgen von Investoren.[177]

4.3.9.5. Russischer Investitionsfond der Informations- und Kommunikationstechnologien

Der Russische Investitionsfonds der Informations- und Kommunikationstechnologien wurde im Jahr 2006 gegründet.

Das Ziel des Fonds ist, den russischen Zweig der Informations- und Kommunikationstechnologien durch Investitionen in vielversprechende und innovative Projekte zu fördern.

Jedes Projekt wird höchstens mit jeweils 150 Mio. Rub. unterstützt. Die Förderung wird nur getätigt, wenn das Projekt auch durch private Investoren finanziert wird. Dies dient dazu, Investoren für den High-Tech-Bereich zu gewinnen. Das Gesamtvolumen des Fonds beträgt 1,45 Mrd. Rub. 100% der Aktienanteile gehören der Russischen Föderation. Die Rechte als Aktionär nimmt für die RF das Ministerium für Kommunikation und Massenkommunikation wahr. Durch die aktive Beteiligung des Ministeriums hat der Fonds die Möglichkeit, dessen Erfahrung im Bereich der IKT für sich zu nutzen.[178]

4.3.10. Reformen im Forschungssystem

Das Forschungssystem Russlands befindet sich in permanenter Bewegung. Zahlreiche Reformen wurden in den letzten Jahren von der Regierung verabschiedet und durchgesetzt.
Die wichtigsten Ziele der Reformen im FuE-Bereich sind:[179]

- Verbesserte Möglichkeiten in der Wissenschaft und Technologie

---

[177] Vgl. http://www.innovbusiness.ru/content/document_r_008F87BE-CC95-4C38-816D-9B0C17FAD9DE.html (Stand: 14.03.12).
[178] Vgl. http://www.rosinfocominvest.ru (Stand: 14.03.12).
[179] Vgl. http://www.kooperation-international.de/russland/themes/international/fub/laender/forschungs-bildungspolitik/politische-zielsetzungen/ (Stand: 01.11.11).

- Attraktivere Gestaltung des wissenschaftlichen Bereichs für den Nachwuchs
- Stärkere Präsenz der Universitäten im FuE-Sektor
- Stärkung des Public-Private-Partnerships
- Bessere Definition der Prioritäten in der Forschung und Umsetzung in speziellen Programmen
- Veränderung der Strukturen im Bereich der Forschung

Diese Maßnahmen finden statt, weil die Regierung versucht, das russische Innovationssystem nach dem Zusammenbruch der UdSSR wieder aufzubauen und dessen Funktion zu garantieren.

4.4. Bildungssystem

Das Bildungssystem ist ein grundlegender Bestandteil im Aufbau eines effektiven Innovationssystems. Es ist verantwortlich für die Ausbildung und Anwerbung des wissenschaftlichen Nachwuchses im FuE-Bereich.

4.4.1. Das russische Bildungssystem

Momentan existieren in Russland staatliche und private Schulen und Hochschuleinrichtungen. Das russische Schulsystem kennt: 1. Die Grundschule (Klasse 1 - 4); 2. Die Allgemeine Hauptschule (Klasse 5 - 9) mit darauf folgender weiterer beruflicher Ausbildung an Berufsschulen und Technika;[180] 3. Die Allgemeine Mittelschule, die bis zur 11. Klasse dauert und mit dem Abschluss des Reifezeugnisses endet. Das Reifezeugnis ermöglicht ein Studium an einer Hochschule.
Zum Hochschulsystem gehören Universitäten, Hochschulen, Institute und Akademien (eine Art von Fachhochschulen). Die letzten drei haben das gleiche Niveau wie Universitäten, konzentrieren sich aber nur auf ein Gebiet, z.B. Wirtschaft oder Physik. Diese Einrichtungen ermöglichen im Gegensatz zu deutschen Fachhochschulen eine Promotion. Die Abschlüsse sind: 1. Baccalaureat (nach 4 Jahren); 2. Diplom (Minimum 5 Jahre); 3. Magister (zweijähriges Studium nach dem Baccalaureat). Mit dem Diplom und dem Magister kann man zu einer

---

[180] Technika sind ein Art von Berufsschulen.

Promotion zugelassen werden. Die Promotion ist auf 3 Jahre begrenzt und endet mit der Erlangung des Titels „Kandidat Nauk". Im Anschluss folgt dann eine Art Habilitation „Doktor Nauk". Das dauert weitere 5 Jahre.

Die Verwaltung einer russischen Hochschule ist wie folgt organisiert: An der Spitze steht der Rektor, dann folgen die Fakultäten mit ihren Dekanen.[181]

4.4.2. Die Umsetzung des Bologna-Prozesses

Die Umsetzung des Bologna-Prozesses hat in Russland sehr starke Kritik erzeugt. Experten sagen, dass die Neuheiten zu einer Senkung der Qualität im Bildungsbereich und als Folge davon zu einer höheren Arbeitslosigkeit führen können. Trotz aller Kritik hat die Staatsduma die Umsetzung angenommen. Die Ausnahmen sind medizinische, gerichtsmedizinische, künstlerische und militärische Fachrichtungen.[182] Es wurden Änderungen im Gesetz „Über Bildung" vorgenommen, wie eine Erweiterung der akademischen Selbständigkeit der Universitäten, eine Kürzung der Studienwochenstunden und die Erschaffung eines neuen Bildungsstandards.[183]

4.4.3. Die Beziehung zwischen Bildung und Wissenschaft

Das russische Bildungssystem hat keine starke Verknüpfung mit Wissenschaft und Forschung. Zur Zeit der UdSSR war die Trennung noch viel stärker. Das kommt daher, dass die Lehre an Universitäten und Fachhochschulen der Bildung der „breiten Massen" diente. Im Gegensatz dazu dienten die Akademien der Bildung eines in sich „geschlossenen intellektuellen Zirkels".[184] Heutzutage ist dieser Bruch zwischen Bildung und Wissenschaft kleiner geworden. Seit 1996 läuft das Programm des Bildungsministeriums „Integrazia".[185] Dieses Programm ist zum Herstellen einer festen Verbindung zwischen Universitäten und wissenschaftlichen Einrichtungen eingerichtet worden, so dass Studenten nun auch an der Forschung teilnehmen können, z.B. bei der Arbeit in einem Forschungslabor. Wissenschaftseinrichtungen gründen nun auch Forschungszentren in Universitäten. Beispiele hierfür sind die Universitäten von St.

---

[181] Vgl. http://www.edu.ru/index.php?page_id=34 (Stand: 27.02.11).
[182] Vgl. RBK daily von 10.08.07 - Russische Zeitung.
[183] Vgl. Federal'nyj zakon Rossijskoj Federazii ot 10.07.1992 g. № 3266-1. „Ob obrazovanii". Im Internet: http://www.consultant.ru/popular/edu/ (Stand: 11.03.09).
[184] DFG/Helmholz Gemeinschaft/Botschaft der Bundesrepublik Deutschland in Moskau (2008), S. 46.
[185] Auf Russisch „Integrazija" - Auf Deutsch „Integration".

Petersburg und Moskau. Mittlerweile sind gemeinsame Doktorantenprogramme entstanden. Durch die Reformen im Bildungssektor ist in den letzten Jahren die Trennung zwischen Forschung und Bildung kleiner geworden.

4.4.5. Reformen im Bildungssystem

Folgende Reformschritte wurden vom Ministerium für Bildung und Wissenschaft als besonders wichtig eingestuft:[186]

- Einheitliches Abitur als Hochschulzugang

- Bessere Fremdsprachenkenntnis bei Lehrern und Schülern/Studenten

- Erneuerung der Hochschulen

- Reform der Berufsbildung und Berufsausbildung

- Neues Schulsystem und Umsetzung des Bologna-Prozesses

- Umstellung des Diplomstudiums auf Bachelor- und Masterstudiengänge

- Reduzierung der Anzahl der Universitäten und Hochschulen

Um diese Reformpunkte umzusetzen, hat die russische Regierung weitere allgemeine Prinzipien ausgearbeitet:[187]

- Verbesserung der allgemeinen Bildungsqualität

- Effektive wirtschaftliche Beziehungen für Bildung und Ausbildung

- Staatliche Garantien für eine qualifizierte Bildung

- Teilung der Gewalt der bildungspolitischen Organe

- Verbesserte fachliche Ausbildung und Berufsausbildung

- Qualifiziertes Personal von Fachkräften

---

[186] Vgl. Prahl (2009), S. 4 f.
[187] Vgl. http://www.kooperation-international.de/russland/themes/international/fub/laender/forschungs-bildungspolitik/politische-zielsetzungen/ (Stand: 01.11.11).

4.5. Businesssektor

Wichtige Teile eines gut funktionierenden Innovationssystems sind Unternehmen und „Entrepreneurs".[188] Sie bestimmen mit welchen Technologien, Prozessen, Organisationsformen und Produkten sie in den Markt eintreten. Deswegen sind sie selbst eine Art Triebfeder der Innovationen. Leider hat Russland 20 Jahre nach dem Zusammenbruch der UdSSR noch nicht das erhoffte positive Ergebnis einer Integration von Business in das Innovationssystem erreicht. Es gibt viele Barrieren, die die Unternehmen nicht effektiv an der Innovationsentwicklung teilnehmen lassen:[189]

1. Insgesamt schlechte Bedingungen im Bereich des Businesssektors durch Korruption, Bürokratie, behördliche Willkür und Kriminalität.

2. Das Rechtssystem in Russland ist nicht effektiv und braucht starke Reformen. Das betrifft nicht nur Gesetze, die sich direkt mit der Erschaffung von Innovationen beschäftigen. In Russland existiert zum Beispiel auch kein umfassendes Kartellrecht, so dass kleine Unternehmer nicht konkurrenzfähig sind. Hierzu gehört noch der mangelnde Schutz der Investitionen und des Eigentums.

3. Als Folge der Mängel im Kartellrecht und bei den Gesetzen zum Schutz des freien Wettbewerbs ist der russische Wirtschaftsmarkt von großen Unternehmen und Konzernen abhängig. Diese Unternehmen sind hauptsächlich in den Innovationsprozess involviert. Kleinere und mittlere Unternehmen sind einfach nicht in der Lage, sich am Innovationsprozess beteiligen zu können, weil sie das wirtschaftliche Potenzial dazu nicht besitzen. Andererseits zeigen sie auch kaum Interesse an der Entwicklung von Innovationen, weil dies mit zu großen Investitionen verbunden ist. Weitere Hindernisse für die Involvierung von KMU in den Innovationsprozess sind:[190] Der Mangel an Eigenmitteln und an finanzieller Unterstützung durch die Regierung, die hohe Innovations-Ausgaben, die übermäßig wahrgenommenen Risiken, das niedrige Innovationspotenzial, die Mängel in der Gesetzgebung, der Mangel an Fachkräften, die geringe Nachfrage nach neuen Produkten, die Unterentwicklung der Innovations-

---

[188] Vgl. Weissenberger-Eibl/Koch (2007), S. 11.
[189] Vgl. OECD (2011), S. 132 ff.; Ministry of education and science of the Russian Federation (2009), S. 68 ff.
[190] Vgl. OECD (2011), S. 137.

Infrastruktur, die fehlenden Informationen über Technologie, der Mangel an Chancen der Zusammenarbeit und die fehlenden Informationen über Verkäufe.

4. Ein anderes Problem ist die allgemein niedrige Konkurrenzfähigkeit russischer Unternehmen. Entsprechend den Angaben von „The World Economic Forum (WEF)" ist das Niveau der Konkurrenzfähigkeit in Russland sehr niedrig. Im „The Global Competitiveness Index (GCI) 2011-2012" belegt Russland Rang 63, genau zwischen Sri Lanka (Rang 62) und Uruguay (Rang 64).[191] Die Situation hat sich zuletzt noch verschlechtert. In den Jahren 2008/09 war Russland noch auf Platz 51, direkt zwischen Indien (Rang 50) und Malta (Rang 52).[192] Diese wirtschaftliche Gesamtsituation stellt einen hemmenden Faktor bei der Eingliederung des Businesssektors in den Innovationsprozess dar.

5. Die Struktur der russischen Wirtschaft ist insgesamt eine Barriere. Inländische Unternehmen fokussieren sich zum Beispiel meistens nur auf den heimischen Markt und auf inländische Abnehmer. Begründet ist dieses Verhalten auch durch mangelnde Konkurrenz auf dem regionalen und lokalen Markt.

6. Das FuE-System ist sehr isoliert vom freien Markt und nicht an die Bedürfnisse der Gesellschaft angepasst.

7. Mangelhafte Voraussetzungen für ausländische Direktinvestitionen. Diese sind allerdings sehr wichtig, da sich durch eine Kooperation mit ausländischen Partnern ein Lernprozess entwickelt, so dass russische „Enterpreneurs" und Unternehmen die notwendigen Erfahrungen im FuE-Sektor sammeln können. Dieser Prozess der Zusammenarbeit hat schon begonnen. Als Beispiel für eine deutsch-russische Kooperation kann man die Automobilindustrie nennen. Der deutsche Hersteller BMW produziert im Gebiet von Kaliningrad, VW investierte 2010 mehr als 500 Mio. Euro[193] in sein Werk in Kaluga. Der erste Mercedes-Benz-Lkw ist im KamAZ-Werk in Naberezhnye Chelny hergestellt worden. Es handelt sich um eine Produktion der Daimler AG und des russischen Herstellers KamAZ. Es sollen hier nach Presseangaben jährlich ca. 4.500 LKWs vom Band rollen.[194]

---

[191] Vgl. The World Economic Forum (2011), S. 15.
[192] Vgl. The World Economic Forum (2008), S. 10.
[193] Vgl. http://www.volkswagen.de/de/Volkswagen/nachhaltigkeit/Standorte/europa/kaluga.html (Stand: 08.03.12).
[194] Vgl. http://de.rian.ru/industry_agriculture/20101004/257382932.html (Stand: 08.03.12).

Ein anderer Bereich deutsch-russischer Zusammenarbeit ist der Energiesektor. Hier ist zunächst die BASF mit ihrer Tochter Winterschall AG zu nennen, die ein JV mit GASPROM besitzen.[195] Das nächste gemeinsame Projekt ist die Nord Stream AG. Ein anderes Beispiel ist die Zusammenarbeit im Bereich erneuerbarer Energien und der Energieeffizienz. Vielversprechende Ergebnisse liefern die gemeinsame russisch-deutsche Energieagentur RUDEA. Sowohl in der Lebensmittelindustrie als auch in der Landwirtschaft sind deutsche Firmen tätig. Insgesamt befinden sich mehr als 6.000 deutsche Unternehmen in Russland.[196] Diese Firmen betreiben Innovationen und einen Technologietransfer zwischen beiden Ländern. Auch für den Aufbau des Innovations-Clusters Skolkovo bei Moskau interessieren sich deutsche Unternehmen im Rahmen einer Zusammenarbeit. Durch ausländische Unternehmen können russische Firmen leichter einen Zugang zum ausländischen Markt erhalten.

Die Regierung hat schon erste Schritte zur Verbesserung der vorhandenen Situation unternommen. Die Strategien und Projekte zur Unterstützung kleiner Unternehmen und eine Kooperation des Businesssektors mit staatlichen Einrichtungen in der Innovationstätigkeit sind allerdings nicht genug. Ein anderes Problem ist, dass es viele russische Privatunternehmen gibt, die direkt oder indirekt staatlichem Einfluss unterliegen.[197] Entsprechend den Untersuchungen der OECD sind staatliche Unternehmen in den öffentlichen Statistiken als Privatunternehmen eingeteilt und erhalten so einen großen Teil staatlicher Finanzierung im Bereich der FuE. Dadurch werden der staatliche und der private Sektor nicht klar getrennt.[198] Andere Statistiken der „The World Bank" zeigen, dass die privaten Investitionen in der FuE in Russland sehr niedrig sind, z.B. 2006 mit nur 2,6%, und dies gerade auch im Vergleich zu anderen BRIC-Ländern.[199] Leider hat sich die Situation bis heute nicht wesentlich verändert.

Die Europäische Kommission zeigt auf, dass 82% der 570 untersuchten russischen Industrie-Unternehmen unterschiedliche Arten von Innovationstätigkeit besitzen. Aber 45% dieser Unternehmen „imitieren" diese Tätigkeit lediglich. Sie versuchen, die Herstellung von bereits vorhandenen Produkten zu verbessern, sie erschaffen aber keine Innovationen. Nur 10% dieser Unternehmen investieren mehr als 5% in die FuE. Es gibt viele Unternehmen, die im schlechten

---

[195] Vgl. http://www.wintershall.mobi/334.html?&L=1 (Stand: 08.03.12).
[196] Vgl. http://russland-heute.de/articles/2011/07/26/deutsch-russische_zusammenarbeit_in_wissenschaft_und_wirtschaft_06880.html (Stand: 08.03.12).
[197] Vgl. European Commission (2007), S. 14.
[198] Vgl. OECD (2006), S. 150.
[199] Vgl. The World Bank (2006), S. 20.

russischen Businessumfeld überleben müssen. Nur 10 - 20% der Unternehmen sind wirtschaftlich stabil.[200]

Es sieht so aus, dass im Metallbau, im Maschinenbau und in der Chemischen Industrie der Anteil von innovativen Unternehmen größer ist als in anderen Industriezweigen. Allerdings ist der Anteil von kleinen Innovationsunternehmen nicht mehr als 1% der Gesamtzahl dieser Unternehmen.[201]

Die meisten Unternehmen, die im Innovationsprozess teilnehmen, sind in folgenden Bereichen tätig: Naturwissenschaften, Maschinenbau, medizinische Wissenschaften, Agrarwissenschaften, Sozialwissenschaften und Geisteswissenschaften.[202]

---

[200] Vgl. European Commission (2007), S. 13.
[201] Vgl. OECD (2006), S. 152.
[202] Vgl. OECD (2011), S. 144.

5. Bewertung des russischen Innovationssystems

Das Innovationssystem bildet die Basis für Wohlstand und Wachstum einer Nation.[203] Deswegen ist die Analyse und Bewertung eines Nationalen Innovationssystems sehr wichtig für die weitere Entwicklung des Landes und seine Zusammenarbeit in der internationalen Gemeinschaft. Durch die richtige Beurteilung des NIS erhält die Regierung eine Möglichkeit, die entsprechenden Reformen vorzubereiten und notwendige Maßnahmen zu unternehmen, um den Fortschritt des Landes zu fördern. Allerdings erhalten private Akteure der Wirtschaft und ausländische Partner ein Gesamtbild der Situation im Land vom FuE-Sektor und können dementsprechend agieren.

Im vorliegenden Kapitel werden Innovationsfähigkeit und Innovationsklima in der Russischen Föderation beurteilt. Außerdem wird eine Vergleichanalyse des RIS auf internationaler Ebene durchgeführt.

---

[203] Vgl. Weissenberger-Eibl/Koch (2007), S. 15.

5.1. Allgemeine Innovationsfähigkeit und Innovationsklima in der Russischen Föderation

Die Innovationsfähigkeit eines Landes ist „die Fähigkeit der Menschen und Unternehmen, Wissen zu schaffen und dieses in neue, marktfähige Produkte und Dienstleistungen sowie in produktive Prozesse umzusetzen."[204] Diese wird durch eine Vielzahl von Indikatoren aus verschiedenen Bereichen wie Wirtschaft, Bildung, Finanzierung und Regulierung bestimmt (siehe Abb. 20).[205]

Abbildung 20: Überblick über wichtige Innovationsindikatoren

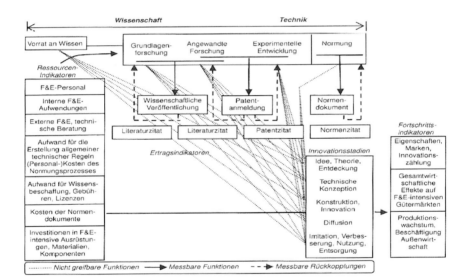

Quelle: Albers/Gassmann (2005), S. 44.

Die Innovationsfähigkeit ist begrifflich sehr eng mit dem „Innovationsklima" verbunden. Darunter versteht man das Verhalten und die Einstellungen der Bürger zu „Veränderungen und Neuerungen, also die Bereitschaft, Risiken einzugehen und gemeinsam an neuen Lösungen zu arbeiten."[206] Das bedeutet, dass kreative Leistungen einer Gesellschaft und die Entfaltung von

---
[204] Belizz et. al. (2008), S. 716.
[205] Vgl. Belitz/Kirn (2008), S. 49.
[206] Belizz et. al. (2008), S. 717.

Talenten wachsen können, wenn die Gesellschaft offen und tolerant gegenüber verschiedenen Wertvorstellungen und Lebensstilen ist.[207] Das Innovationsklima und seine Elemente werden in einer Abbildung kurz vorgestellt (siehe Abb. 21).

Abbildung 21: Aufbau des zusammengefassten Indikators „Gesellschaftliches Innovationsklima"

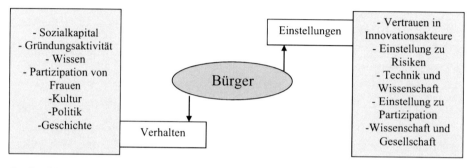

Quelle: Eigene Darstellung in Anlehnung an Belitz/Schrooten (2008), S. 50.

Die Kultur eines Landes spielt hierbei eine große Rolle. Starke gesellschaftliche Normen und Regelungen, sowie enge traditionelle Grenzen und Weltanschauungen können allgemein die Innovationsfähigkeit eines Landes behindern.[208] Beispielhaft ist, dass Frauen in einigen Ländern kein Zugang zum Studium gewährt wird. Vergangenheit und historische Voraussetzungen eines Landes beeinflussen ebenfalls die Innovationstätigkeit.

Die Beurteilung der Innovationsfähigkeit und des Innovationsklimas gründet sich auf der Analyse statistischer Angaben. Entsprechend der „Science and innovation profile" der OECD ist erkennbar, dass sich das Profil Russlands sehr weit entfernt vom Durchschnitt befindet (siehe Anhang 4). Russland hat bei den Faktoren GERD und BERD ein sehr niedriges Niveau. Es gibt wenige wissenschaftliche Artikel und Patente, aber viele Personen mit einer qualifizierten Ausbildung.[209] Anhand dieses Profils sieht man, dass das russische NIS kein ausbalanciertes System darstellt und dringend reformbedürftig ist.

Auf der einen Seite sind die sozio-ökonomischen Indikatoren Russlands in den letzten 10 Jahren

---

[207] Vgl. Belitz/Kirn (2008), S. 48.
[208] Vgl. ebd.
[209] Vgl. OECD (2010), S. 215.

zumeist gestiegen. Das bedeutet eine Verbesserung der allgemeinen Situation in Russland.[210] Auf der anderen Seite gibt es aber viele Probleme in verschiedenen Bereichen, die die Innovationsfähigkeit und das Innovationsklima beeinflussen. Zu den Problemen gehört, dass Russland an natürlichen Ressourcen sehr reich ist und dadurch extrem abhängig vom Export mineralischer und fossiler Rohstoffe. Es gibt eine Formel, die in der Wissenschaft in den 1980er Jahren entstanden ist: Je erfolgreicher der Rohstoffsektor ist, desto langsamer geht die Entwicklung in anderen Sektoren.[211] Hier sieht man, dass Russland nicht in der Lage ist, seinen Reichtum für einen richtigen wirtschaftlichen Aufschwung zu nutzen. Das hängt von vielen verschiedenen Gründen ab, wie dem staatlichen Missbrauch von Einkünften aus dem Rohstoffsektor, von mangelnden Investitionen in anderen Bereichen und von der Verringerung der Wettbewerbsfähigkeit anderer Wirtschaftsbereiche. Als Beispiel kann außerdem genannt werden, dass der Anschluss an die Weltwirtschaft in den Schlüsselbranchen wie Maschinenbau und Automobilindustrie verloren ging.[212]

Russland ist mit seinem Humankapital im FuE-Sektor dennoch gut ausgestattet. Das ist vergleichbar mit den EU15-Staaten, obwohl durch ein starkes „Braindrain" in den 1990er Jahren eine Reduzierung der Anzahl des Humankapitals stattfand. Die Gründe für die hohe Anzahl von „Braindrain" in diesen Jahren waren eine sehr hohe Arbeitslosigkeit von Wissenschaftlern und Ingenieuren, ein zu niedriges Gehalt und der Zusammenbruch der UdSSR, der zu einer weiteren Verarmung im FuE-Sektor führte, so dass die Wissenschaftler nicht mehr ihre Arbeit machen konnten. Das Niveau im FuE-Bereich war viel niedriger als im Ausland und der Wunsch vieler war, sich als Wissenschaftler zu verwirklichen. Offizielle Statistiken sprechen von 100.000 Personen.[213] Die erste Welle war in den Jahren 1992 - 1993. Zu diesem Zeitpunkt hat Russland seine Elite-Wissenschaftler verloren. Nur ein kleiner Teil dieser Personen kehrte in den folgenden Jahren wieder nach Russland zurück. Das größte Problem für das Land war, dass die bestqualifizierten Wissenschaftler auswanderten. Das hat sofort die Qualität von Ausbildung und Forschung in Russland beeinflusst. Ein anderes Problem war, dass mehr als 600.000 Wissenschaftler ihre Arbeit verlassen hatten und versuchten, sich der neuen Marktwirtschaft anzupassen, indem sie eine neue Karriere begannen. Viele junge Leute haben nach dem Abitur nicht mehr eine Karriere in der Wissenschaft angestrebt, da dieser Bereich an Ansehen verloren

---

[210] Vgl. Russia in figures - 2008, S. 34.
[211] Vgl. Weissenberger-Eibl/Koch (2007), S. 133 ff.
[212] Vgl. ebd.
[213] Vgl. Cabral-Cardoso/Oglobina/Faria (2002), S. 145.

hatte.[214]

Entsprechend den Angaben der OECD ist in Russland allein von 1994 bis 2006 ein Rückgang des „Human-Kapitals" in Höhe von ca. 26% zu verzeichnen. Dies hatte schwerwiegende Folgen für den FuE-Sektor.[215] Seit 2006 hat sich dieser Prozess aber durch eine neue Politik der Regierung im FuE-Sektor etwas verlangsamt. Der Verlust betrug im Zeitraum zwischen 2006 und 2009 nur noch ca. 8%.[216]

Laut Rosstat Statistik ist die Bevölkerung in Russland sehr gut ausgebildet. 55% der Bevölkerung zwischen 25 und 64 Jahren haben einen Hochschulabschluss.[217] Die Anzahl an Doktoranten ist steigend **(siehe Tab. 7)**.[218]

Tabelle 7: Doctorial courses activity

Years	Number of organizations with doctorial courses	Number of candidates, (end of year), persons	Number of enrolment, persons	Number of graduates, persons	Including those defended doctor dissertations
1	2	3	4	5	6
Total					
1992	338	1644	540	617	247
1995	384	2190	904	464	137
2000	492	4213	1637	1251	486
2005	535	4282	1457	1417	516
2006	548	4189	1499	1383	450
2007	579	4109	1520	1320	429
2008	593	4242	1517	1216	297
2009	598	4294	1569	1302	435
2010	602	4418	1650	1259	336
R&D institutes					
1992	198	516	125	216	91
1995	167	483	197	128	41
2000	178	505	192	151	63
2005	173	445	147	148	48
2006	178	426	142	139	35
2007	201	358	118	116	33
2008	205	336	111	123	23
2009	204	327	114	107	23
2010	192	299	100	95	20

---

[214] Vgl. ebd.
[215] Vgl. OECD (2008), S. 173.
[216] Vgl. Russia in figures - 2011, S. 135.
[217] Vgl. Russia in figures - 2008, S. 142 f.
[218] Vgl. OECD (2008), S. 172.

1	2	3	4	5	6
	Higher educational institutions				
1992	140	1128	415	401	156
1995	217	1707	707	336	96
2000	314	3708	1445	1100	423
2005	362	3837	1310	1269	468
2006	370	3763	1357	1244	415
2007	378	3751	1402	1204	396
2008	388	3906	1406	1093	274
2009	391	3962	1454	1193	412
2010	407	4116	1548	1162	316
	Additional vocational educational institutions1)				
2009	3	5	1	2	-
2010	3	3	2	2	-

[1] Statistical observation is carried out since 2009.

Quelle: Russia in figures - 2011, S. 125.

Laut **Tabelle 7** betrug im Jahr 1992 die Anzahl aller Doktoranden 247, 2010 ist diese Zahl um 89 gestiegen und betrug 336, aber bei den FuE-Instituten ist sie in den gleichen Jahren um 71 auf 20 gesunken. Dies zeigt, dass die Arbeitsbedingungen in den FuE-Instituten nicht den Erwartungen der Nachwuchswissenschaftler entsprechen. Insbesondere betrifft dies das Lohnniveau. Die Arbeitsplätze sind nicht mehr so attraktiv wie zu Zeiten der UdSSR. In der gleichen Zeit ist die Anzahl von Doktoranden an Hochschulen um 160 auf 316 gestiegen. Daran kann man erkennen, dass anhand veränderter wirtschaftlicher Bedingungen auch der Anspruch und der Bedarf an qualifizierten Arbeitskräften steigen. Gleichzeitig steigt aber auch die Anzahl an Hochschulen in Russland. Dies stellt wiederum eine sehr positive Entwicklung für den FuE-Sektor dar. In 9 Jahren hat sich die Anzahl fast verdoppelt und beträgt im Jahr 2010 1.115 **(siehe Tab. 8).**

Tabelle 8: Higher educational institutions (beginning of academic year)

	1993/ 94	1995/ 96	2000/ 01	2005/ 06	2006/ 07	2007/ 08	2008/ 09	2009/ 10	2010/ 11
1	2	3	4	5	6	7	8	9	10
Number of education institutions - total	626	762	965	1068	1090	1108	1134	1114	1115
of which:									
public and municipal	548	569	607	655	660	658	660	662	653
non-public	78	193	358	413	430	450	474	452	462
Number of students- total, thou. persons	2613	2791	4741	7064	7310	7461	7513	7419	7050

1	2	3	4	5	6	7	8	9	10
of which in educational institutions:									
public and municipal	2543	2655	4271	5985	6133	6208	6215	6136	5849
including branches:									
day-time	1625	1700	2442	3195	3251	3241	3153	3017	2860
evening	170	161	259	300	291	280	269	253	237
correspondence	748	795	1519	2348	2443	2532	2637	2710	2657
non-residence	-	0.1	51	142	147	155	156	155	95
non-public	70	136	471	1079	1177	1253	1298	1283	1201
including branches:									
day-time	37	53	183	313	331	331	304	263	214
evening	5	14	44	71	81	72	74	71	68
correspondence	22	61	243	684	753	835	904	929	900
non-residence	6	7	1	11	12	14	16	21	19
Number of students educational institutions per 10 000 population[1], persons	176	188	324	495	514	525	529	523	493
of which public and municipal	171	179	292	419	431	437	438	432	409
Number of females in total number of students, thou. persons	1347	1517	2686	4114	4256	4345	4344	4254	4030
Number of professors and teachers at educational institutions, thou. persons:									
including at:									
public and municipal	239.8	240.2	265.2	322.1	334.0	340.4	341.1	342.7	324.8
non-public[2]	3.8	13.0	42.2	65.2	75.0	78.8	63.4	54.8	32.0

1) For 2005/06 - 2009/10 academic year indicator is estimated using population size without account to the 2010 All-Russia population census results, for 2010/2011 - with account to the 2010 All-Russia population census preliminary results.
2) Since 2010/11 academic year - excluding outside dual jobholders.

Quelle: Russia in figures - 2011, S. 218.

Die Anzahl der öffentlichen Hochschulen hat sich nicht so stark erhöht, wie die Anzahl der privaten Hochschulen (105 im Vergleich zu 384 im Jahr 2010). Die Zahl der Studierenden hat sich in einem Zeitraum von 9 Jahren fast verdoppelt.

Zwei große Probleme treten im Bildungsbereich auf. Zum einen mangelnde Qualität des

Studiums und zum anderen Korruption. In den letzten 10 Jahren sind viele private Universitäten und Fachhochschulen entstanden, deren Qualität in der Ausbildung manchmal schlechter ist als an staatlichen Hochschulen. Ihre Bildungsprogramme haben allgemein ein sehr niedriges Niveau. Bei allen Bildungseinrichtungen ist die Korruption sehr stark ausgeprägt, manchmal sogar unter den Professoren. Strafrechtliche Verfolgung und die Versuche der Regierung, diese Fälle zu veröffentlichen, konnten dies bisher noch nicht verhindern, besonders da der Grund der Korruption in den sehr niedrigen Löhnen liegt. Der durchschnittliche Monatslohn betrug 2010 in Russland 698,-- US Dollar, ca. 505,-- Euro.[219] Das Preisniveau entspricht allerdings westlichen Standards **(siehe Tab. 9)**.[220]

Tabelle 9: Average monthly accrued wages of employees of organizations

Years	Average monthly wages at prices of corresponding year		Ratio of average monthly wages and other payments to subsistence minimum level of working population, percentage
	Rub.	USD (based on annual average official dollar exchange rate)	
1995	472392	103	179
2000	2223	79	172
2005	8555	303	268
2006	10634	391	293
2007	13593	532	332
2008	17290	697	353
2009	18638	588	340
2010	21193	698	376

Quelle: Russia in figures - 2011, S. 278.

Auch andere Statistiken bestätigen, dass der Verdienst im Bildungssektor mit durchschnittlich 14.063,-- Rub./Monat (ca. 334,80 Euro) weit unter dem Durchschnittsverdienst liegt. Dies fördert natürlich eine mögliche Korruption in diesem Bereich **(siehe Anhang 5)**.

Das sind aber nicht die einzigen Schwierigkeiten. Es gibt viele Probleme in anderen Bereichen des FuE-Sektors, die die russische Innovationsfähigkeit und das Innovationsklima beeinflussen können. Russland hat wenige Technologietransfers und benötigt daher Lizenzen von

---

[219] Berechnet mit dem Wechselkurs vom 01.11.2011: 1,--Euro/42,-- Rub.
[220] Vgl. Russia in figures - 2011, S. 125.

Auslandstechnologien. Es muss dringend seine Anlagen modernisieren und restrukturieren.[221] Der ICT-Sektor ist in Russland schwach entwickelt und es fehlen IT-Spezialisten und eine entsprechende Infrastruktur.[222] Die Wirtschaft orientiert sich nicht an der Erzeugung neuer Produkte und der Entwicklung neuer Technologien, sondern am Import ausländischer Produkte und dem Verkauf auf dem Binnenmarkt. Wegen fehlender Unterstützung durch die Politik bei der Entwicklung der Regionen und der Landwirtschaft gibt es eine starke Migration der ländlichen Bevölkerung. Die Zentren des wirtschaftlichen Lebens sind St. Petersburg und Moskau. Das Lebensniveau ist heute in diesen Städten besser als im übrigen Russland. Negativ ist auch die Lebenserwartung der russischen Bevölkerung. Bei Männern beträgt sie 62,8 Jahre und bei Frauen 74,7 Jahre.[223] Das sind die Folgen der ökonomischen Probleme und einer schwachen Entwicklung der sozialen Sphären.[224] Viele ökonomische Berichte vermitteln, dass Russland nur dann einen technischen Fortschritt macht und in den internationalen Markt eintreten kann, wenn es alle oben genannten Probleme lösen können wird.[225]

5.2. Russisches Innovationssystem im internationalen Vergleich

Seit Jahren beschäftigen sich Organisationen wie Eurostat, World Bank, Europäische Kommission, OECD, etc. mit der Bemessung der NIS und seinem Vergleich im internationalen Kontext. Um ein NIS messen zu können, benutzt man verschiedene Indikatoren. Zu denen gehören, z.B. die Qualität des Personals, das in der Wissenschaft beschäftigt ist, das Niveau der Bildung in der Bevölkerung, das Erschaffen von Patenten und der Anteil am Export von hochtechnologischen Produkten. Auch die ökonomischen Indikatoren sind Bestandteil der Vergleichanalyse des NIS.[226] Es gibt eine Reihe nationaler und internationaler Berichte über die Analyse der Innovationsleistung und -fähigkeit der einzelnen Länder. Das größte Problem dieser Analysen ist die Datenverfügbarkeit und deren Vergleichbarkeit in den einzelnen Ländern.[227]
Es gibt verschiedene Methoden zur Messung der NIS und seinem internationalen Vergleich. Eine Methode wurde von der European Commission ausgearbeitet.[228] Die Ausarbeitung führt zu einem Index für jedes Land und wird anhand von 25 Indikatoren ermittelt, die entweder zu den

---

[221] Vgl. OECD (2006), S. 153.
[222] Vgl. ebd., S. 154.
[223] Vgl. Russia in figures - 2011, S. 34.
[224] Vgl. Russia in figures - 2008, S. 84 ff.
[225] Vgl. The World Bank (2006), S. 21.
[226] Vgl. European Commission (2007), S. 12.
[227] Vgl. BDI_Deutsche Telekom Stiftung (2011), S. 10.
[228] Vgl. The Global Innovation Scoreboard (2008), S. 12.

„Innovation Inputs" oder „Innovation Outputs" gehören. Zu den „Innovation Inputs" zählen: Innovation driver, Knowledge creation und Innovation & Entrepreneurship. Zu den „Innovation Outputs" zählen: Application und Intellectual property.

Die 25 Indikatoren bilden den sog. „The Summary Innovation Index" (SII).[229] Dieser Index wird seit dem Jahr 2000 zur Messung der „Innovation Performance" der EU-Länder in „The European Innovation Scorboard" (EIS) veröffentlicht.

Ein anderer, angewandter Index ist „The Global Innovation Index" (GSII). Dieser erleichtert einen Vergleich nicht nur zwischen den 27 EU-Ländern, sondern auch zu den nicht-europäischen Ländern.

Zur einfacheren Vergleichbarkeit betrachtet man nur 12 Indikatoren. Diese Indikatoren gruppiert man ebenfalls in fünf Dimensionen.[230] *1. Innovation drivers* - Wissenschaft- und Ingenieurabschlüsse als Prozentsatz der gesamten Hochschulabschlüsse; die Arbeitskraft insgesamt mit Hochschulabschlüssen; Anteil der Forscher im Verhältnis zur Bevölkerung pro Million. *2. Knowledge creation* - Staatliche Ausgaben bei FuE; Ausgaben im Businesssektor bei der FuE; Wissenschaftliche Artikel im Verhältnis zur Bevölkerung pro Million. *3. Diffusion* - ICT (gesamte Ausgaben an Informations- und Kommunikations-Technologie) als Prozentsatz des BIP. *4. Application* - Export von hochtechnologischen Produkten; Teil der mittleren und hochtechnologischen Aktivitäten in der industriellen Wertschöpfung. *5. Intellectual property* - Anzahl der EPO-Patente im Verhältnis zur Bevölkerung pro Million; Anzahl der USPTO-Patente im Verhältnis zu einer Bevölkerung pro Million; Anzahl der Triad-Patente im Verhältnis zur Bevölkerung pro Million.[231]

Entsprechend diesen Indikatoren und dem „Global Innovation Scoreboard" (GIS) Report (2006) gehört Russland zur dritten Gruppe von Ländern, den „follower countries" in der „global innovations performance" und hat einen GSII von 0.39. Zu dieser Gruppe gehören auch Hong Kong, Slowenien, Malta und Ungarn.[232] Bei den fünf oben genannten Dimensionen hat Russland verschiedene Plätze eingenommen. Bei „innovation drivers" und „application" befindet sich Russland zum Beispiel in der Umgebung solch starker Länder wie der Schweiz, Groß-Britannien und Deutschland. Aber bei „diffusion" und „intellectual property" sind die Angaben niedrig und vergleichbar mit Bulgarien und der Slowakei. Bei „knowledge creation" hat Russland einen

---

[229] Vgl. The Global Innovation Scoreboard (2008), S. 12.
[230] Vgl. The Global Innovation Scoreboard Report (2006), S. 3.
[231] Vgl. ebd., S. 28 ff.
[232] Vgl. The Global Innovation Scoreboard Report (2006), S. 12.

mittleren Platz zwischen Kroatien und Slowenien.[233]

Bei diesem „Global Innovation Scoreboard" (GIS) wurde auch eine „cluster analyse" durchgeführt.[234] Es gibt zwei Typen dieser Analyse. Die erste Analyse besteht aus einem Vergleich der „absolute performance". Die Länder benötigen ein vergleichbares Niveau von 5 Indikatoren, um zu einem Cluster zu gehören.[235] Hier gibt es fünf Cluster. Russland befindet sich im dritten Cluster zusammen mit Italien, Spanien und Ungarn. Es gibt geringere Unterschiede in „economic variables" zwischen dem ersten und dem zweiten Cluster, aber einen größeren Abstand zwischen dem zweiten und dem dritten Cluster. Viele Indikatoren der Innovations-Performance sind erheblich niedriger als bei Cluster 1 und 2. Aber Cluster 3 zeigt eine durchschnittliche Innovations-Performance für alle Länder. Cluster 3 Länder besitzen keine besonderen Stärken und Schwächen.

Andere Möglichkeiten für Cluster-Formen sind keine Vergleiche mit einer „absolute performance", sondern mit „relative performance". Man muss die Länder mit gleichen Voraussetzungen der „innovation performance" miteinander messen.[236] Hier gibt es insgesamt 6 Clusters und Russland befindet sich in Cluster 4 wie Griechenland, Bulgarien und Spanien. Länder in Cluster 4 sind relativ stark in „Innovation drivers" und „Knowledge Creation" wegen eines guten Bildungssystems, aber schwach in „diffusion" und Schutz des „intellectual property".[237]

Eine andere Methode wird in „The Global Innovation Scoreboard 2008" (GIS) präsentiert.[238] Der GIS-Index enthält neun Indikatoren der Innovation und technologischen Kapazität. Diese formen die Hauptdimensionen: A. Firm Activities and Outputs (40%) (Indicatoren: 1. Triadic patents per population (3 years average); 2. Business R&D-BERD - (% GDP)). B. Human Resources and Infrastructures (30%) (Indicatoren: 3. S&T tertiary enrolment ratio; 4. Labour farce with tertiary education (% total labour force); 5. R&D personnel per population; 6. Scientific articles per population). C. Infrastructures and Absorptive Capacity (30%) (Indicatoren: 7. ICT expenditures per population; 8. Broadband penetration per population; 9. Public R&D - (HERD + GOVERD) - (% GDP)).[239]

Entsprechend der Analyse der Innovations Performance wird für jedes Land aus den oben

---

[233] Vgl. ebd., S. 13.
[234] Vgl. ebd., S. 14.
[235] Vgl. The Global Innovation Scoreboard Report (2006), S. 18.
[236] Vgl. ebd., S. 19.
[237] Vgl. ebd., S. 20.
[238] Vgl. The Global Innovation Scoreboard (2008), S. 32.
[239] Vgl. ebd., S. 32 f.

beschriebenen Komponenten ein Index erstellt (**siehe Anhang 6**). Anhand des Schaubilds sieht man, dass sich Russland zwischen Estland und Portugal befindet und relativ weit von den EU-27 platziert ist. Russland ist stark im Bereich „Human Resources", aber in anderen Kategorien schwach, insbesondere bei „Infrastructure and Absorptive Capacity". Die Platzierung ist aber besser als bei anderen BRIC-Ländern wie Indien und Brasilien.

„The Innovation Union Scoreboard 2011" (IUS)[240] vermittelt eine internationale Vergleichbarkeit bei Innovationsaktivitäten von Ländern wie BRIC-Länder, Kanada, Japan, USA mit den EU27-Staaten.

Hierbei ist allerdings festzustellen, dass diese Länder ein unterschiedliches Potential in der Wirtschaft und in ihrer Bevölkerungszahl besitzen, so dass es schwer ist, sie zu vergleichen. Außerdem sind nicht alle Angaben vollständig vorhanden. Deswegen kann die Vergleichsanalyse nur mit den zwölf Indikatoren durchgeführt werden, deren Daten auch vorhanden sind. Diese Indikatoren sind in drei Hauptgruppen und Innovationsdimensionen unterteilt:

I. Enablers, II. Firm activities, III. Outputs.

Zur **ersten Gruppe** gehören Innovationsdimensionen wie *A. Human resources.* Indikator: 1. New doctorate graduates (ISCED 6) per 1000 population aged 25-34; 2. Percentage population aged 25-64 having completed tertiary education. *B. Open, excellent and attractive research systems.* Indikator: 3. International scientific co-publications per million population; 4. Scientific publications among the top 10% most cited publications worldwide as % of total scientific publications of the country. *C. Finance and support.* Indikator: 5. R&D expenditure in the public sector as % of GDP.

Zu der **zweiten Gruppe** gehören: *D. Firm investments.* Indikator: 6. R&D expenditure in the business sector as % of GDP. *E. linkages&entrepreneurship.* Indikator: 7. Public-private co-publications per million population. *F. Intellectual assets.* Indikator: 8. PCT patents applications per billion GDP (in PPS€); 9. PCT patents applications in societal challenges per billion GDP (in PPS€) (climate change mitigation; health).

Zu der **dritten Gruppe** gehören: *G. Economic effects.* Indikator: 10. Medium and high-tech product exports as % total product Exports; 11. Knowledge-intensive services exports as % total service Exports; 12. License and patent revenues from abroad as % of GDP.[241]

---

[240] Vgl. The Innovation Union Scoreboard (2011), S. 14 ff.
[241] Vgl. ebd., S. 15.

In **Anhang 7** lässt sich die Innovationsleistung verschiedener Länder, z. B. USA, Japan, BRIC-Länder, mit den EU27-Staaten vergleichen. Anhand dieses Schaubildes erkennt man, dass Russland im Vergleich mit anderen BRIC-Ländern führend ist, aber hinter Ländern wie den USA, Japan, Kanada und den EU27-Staaten zurückliegt.[242] Auch **Anhang 8** verdeutlicht dies noch einmal. Nur beim tertiären Bildungsbereich schneidet Russland sehr gut ab.

Den größten Rückstand hat Russland in den Bereichen: „International co-publications; Most cited publications; Public-private co-publication; PCT patents applications in societal challenges; Medium-high-tech exports; License and patent revenues".

Positiv lässt sich bewerten, dass Russland den Rückstand bei „R&D expenditure in the public sector und License and patent revenues from abroad" verringert hat. Negativ muss man feststellen, dass dafür der Abstand in den Bereichen „International co-publication" und „PCT patents" größer geworden ist.[243]

Eurostat beschäftigt sich ebenfalls mit der Messung und dem Vergleich der NIS. Die Publikationen enthalten eine Analyse von Wissenschaft, Technologie und Innovation verschiedener Länder und einen Vergleich anhand der wichtigsten statistischen Indikatoren im FuE-Bereich.

Die neue verfügbare Veröffentlichung dieser Organisation ist „Science, technology and innovation" in Europa (2011).

In dieser Publikation sind nicht nur europäische Länder analysiert worden, sondern auch Russland, USA, Japan, Australien, etc. Die Analyse verläuft in drei Etappen: 1. Investing in R&D (government budget appropriations or outlays on R&D (GBAORD); R&D expenditure); 2. Monitoring the knowledge workers (R&D personal; Human resources in science and technology (HRST)); 3. Productivity and competitiveness (Innovation; Patents; High-technology).

Sie zeigt, dass Russlands Niveau im NIS viel schlechter ist als in den EU27-Staaten, den USA und Japan, aber im Vergleich zu den anderen BRIC-Ländern eine gute Position einnimmt.[244]

Eine andere Messung der Innovationsindikatoren der Deutschen Telekom Stiftung und des Bundesverbands der Deutschen Industrie wurde von einem Konsortium umgesetzt, bestehend aus dem Frauenhofer-Institut für System- und Innovationsforschung (ISI), dem Zentrum für Europäische Wirtschaftsforschung (ZEW) und dem Maastricht Economic and Social Research Institute on Innovation and Technology (UNI-MERIT) an der Universität Maastricht. Diese Innovationsindikatoren sind auf die Gegenwart ausgerichtet.

---

[242] Vgl. ebd., S. 16.
[243] Vgl. The Innovation Union Scoreboard (2011), S. 19 ff.
[244] Vgl. Eurostat (2011), S. 21 ff.

Die einzelnen Indikatoren, insgesamt 38, werden zu einem Gesamtindikator zusammengefasst. Jeder dieser einzelnen Indikatoren wird einem sog. Subsystem zugeführt. Diese Systeme sind Staat, Wirtschaft, Bildung, Wissenschaft und Gesellschaft.[245] Die wichtigsten Indikatoren werden noch einmal gesondert zu einem Innovationsindikator übertragen. Die Bewertung der einzelnen Länder reicht von 0 Punkten bis zu 100 Punkten. Allerdings erreicht keines der berücksichtigten Länder die Gesamtpunktzahl 100, da dies den ersten Platz bei allen Indikatoren voraussetzen würde.[246]

Entsprechend dieser Analyse liegt Russland auf dem 24. Platz mit einem Indikatorwert von 10.[247] Das ist der drittletzte Platz unter den 26 beurteilten Ländern. In diesem Ranking kann man die Verschlechterung Russlands seit 2000 beobachten.

In den Jahren 1995 und 2000 befand sich Russland auf Platz 20 des Rankings. Im Jahr 1995 lag Russland damit zwischen Taiwan und Indien, im Jahr 2000 zwischen Taiwan und Spanien.[248] Mit Platz 24 im Jahr 2005 befand sich Russland zwischen China und Südafrika. Mit der gleichen Position stand es im Jahr 2010 zwischen Indien und Südafrika.[249] Die BRIC-Länder stehen im Vergleich nicht weit voneinander entfernt.

Eine andere Analyse wird von InnoVacer, einem Innovations-Management Unternehmen, durchgeführt.[250] Diese Analyse, die auf drei Haupt- und neun Subkategorien aufbaut, beruht auf „The Global Innovation Competitive Index" (GICI). Zu den drei Haupt- und neun Subkategorien gehören: A. Resources (1. Education; 2. R&D Expenditure; 3. Researcher). B. Intrastructure (4. Energy; 5. ICT- Telefon, Mobile etc.; 6. Economic Freedom). C. Effeciency (7. S&T Journal Efficiency; 8. Economic Efficiency; 9. Patent Efficiency).[251]

Entsprechend dieser Analyse befindet sich Russland von 22 Ländern auf dem 18. Rang. Im Vergleich zu 2003 verringerte sich der Index GICI von 69,00 auf 68,00.[252]

In den Kategorien Innovation Economy Efficiency, R&D Expenditure, Education, Journal Efficienca, patent Efficiency, Economic Freedom und Energy Use hat sich der Wert deutlich verschlechtert. Die Kategorie ICT hat sich verbessert, während die Kategorie Researchers gleich blieb.[253]

---

[245] Vgl. BDI_Deutsche Telekom Stiftung (2011), S. 10 ff.
[246] Vgl. ebd., S. 17.
[247] Vgl. ebd., S. 25.
[248] Vgl. ebd., S. 18.
[249] Vgl. ebd.
[250] Vgl. InnoVaccer (2011), S. 6 f.
[251] Vgl. ebd.
[252] Vgl. ebd., S. 8.
[253] Vgl. ebd., S. 28.

Eine andere Dimension ist der „Global Innovation Index" (GII). Die wichtigsten Komponenten sind der „Innovation Input Sub-Index" und der „Innovation Output Sub-Index" **(siehe Abb. 22).** [254] Der Innovation Input (Sub-Index) enthält: 1. Institutions (Political environment, Regulatory environment und Business environment); 2. Human capital and research (Education, Tertiary education und Research&develipment); 3. Infrastructure (ICT, Energy, General infrastructure); 4. Market sophistication (Credit, Investment, Trade&competition); 5. Business sophistication (Knowledge workers, Innovation linkages, Knowledge absorption). Der Innovation Output (Sub-Index) enthält: 1. Scientific output (knowledge creation, Knowledge impact, Knowledge diffusion); 2. Creative outputs (Creative intangibles, Creative goods and services).[255]

Abbildung 22: Graphical view of the GII

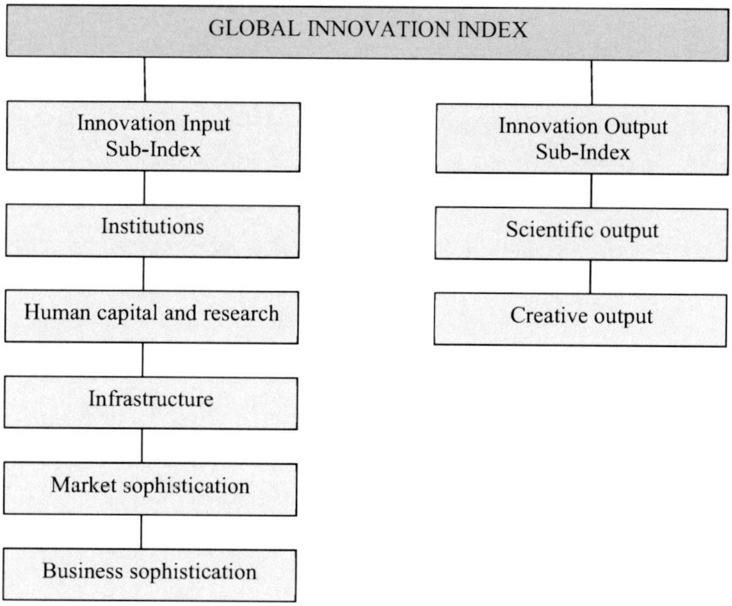

```
                    GLOBAL INNOVATION INDEX
                    ┌───────────┴───────────┐
              Innovation Input         Innovation Output
                 Sub-Index                Sub-Index
                     │                        │
               Institutions              Scientific output
                     │                        │
          Human capital and research     Creative output
                     │
               Infrastructure
                     │
            Market sophistication
                     │
            Business sophistication
```

Quelle: Dutta (2009), S. 8; Dutta (2011), S. 8 ff.

---

[254] Vgl. Dutta (2011), S. 9.
[255] Vgl. ebd., S. 8 ff.

Diese Analyse betrachtet 125 Länder. Bei dem GII 2011 belegt Russland Platz 56 mit einem Score von 35,85 Punkten zwischen Serbien auf dem 55. und Oman auf dem 57. Platz.[256] Das ist ein durchschnittliches Ergebnis betrachtet an der Teilnehmerzahl von 125 Ländern. In den Jahren 2010 und 2009 belegte Russland Platz 64 bzw. 68, was einen leichten Fortschritt darstellt.

In den einzelnen Kategorien im Jahre 2011 belegt Russland sehr unterschiedliche Platzierungen. Innovation Input: 1. „Insitution" - Platz 97, Score 51,8; 2. „Human capital and reasearch" - Platz 38, Score 45,1; 3. „Infrastructure" - Platz 73, Score 25,8; 4. „Market sophistication" - Platz 76; Score 36,4; 5. „Business sophistication" - Platz 37, Score 44,9. Innovation Output: 6. Scientific outputs - Platz 34, Score 32,9; 7. „Creative outputs" - Platz 75, Score 28,9.

Das beste Ranking belegt Russland in der Kategorie „Scientific outputs" mit einem 34. Platz. Dies ist damit verbunden, dass Russland aus seiner ehemaligen UdSSR-Zeit noch eine starke Basis in der Wissenschaft besitzt und viele Erfahrungen auf diesem Gebiet hat. Das schlechteste Ranking belegt Russland dagegen in der Kategorie „Institutions" mit einem 97. Platz. Das schlechte Ergebnis in dieser Kategorie ist ebenfalls nachvollziehbar. Zu dieser Kategorie gehört eine politische Stabilität, eine Effektivität der Regierung sowie die Erschaffung und Ausführung eines Rechtsystems.[257] Auf diesen Gebieten hat Russland sehr große Probleme.

Die OECD führt weitere Innovationsanalysen durch. Bezogen auf Russland sind folgende Angaben interessant. Die Bruttoinlandsausgaben für den FuE-Sektor (GERD) betrugen im Jahr 2008 ca. 1.1% des BIPs.[258] Das war der 31. Platz von insgesamt 40 beurteilten Ländern. Die Unternehmensausgaben für den FuE-Sektor (BERD) betrugen ca. 0.7% des BIPs und dies entsprach somit Platz 29.[259] Bei diesen Angaben belegte Russland einen unterdurchschnittlichen Platz. Die Ausgaben der Hochschulen für den FuE-Sektor (HERD) waren in Russland im Jahr 2008 sehr niedrig und betrugen ca. 0.06% des BIP.[260] Das bedeutet den vorletzten Platz. Das ist eine typische Situation. Die Angaben sind sehr niedrig, weil die Hochschulen nicht in den FuE-Sektor integriert waren. Andererseits war der Anteil der durchgeführten Forschung in den staatlichen Forschungsinstituten sehr hoch und betrug mehr als 0.3% des BIPs.[261] Dies ist eine der besten Angaben unter den teilnehmenden Staaten. In den OECD-Ländern wie Deutschland, Holland und Frankreich, kommt die Finanzierung des FuE-Sektors zumeist aus dem Businesssektor. Der FuE-Sektor wird in Russland dagegen hauptsächlich staatlich finanziert.

---

[256] Vgl. ebd., S. 18; 215.
[257] Vgl. Dutta (2010), S. 9 f.
[258] Vgl. OECD (2010), S. 25.
[259] Vgl. ebd., S. 27.
[260] Vgl. ebd., S. 29.
[261] Vgl. ebd., S. 30.

Diese Struktur besteht noch aus der Zeit der UdSSR. Außerdem spielt der Businesssektor noch immer eine kleine Rolle bei der Förderung neuer Innovationen.[262] Entsprechend den Angaben der OECD verliert Russland weiter an Personal bei der FuE. Die gleiche Tendenz wurde im Jahr 2008 auch in Ländern wie Polen, Rumänien und der Slowakei festgestellt.[263] In Russland ist momentan die Anzahl an neuen Patenten im Vergleich zu den anderen Ländern sehr niedrig.[264] Der Grund dafür ist, dass das russische Patentrecht und andere Gesetze, die den Innovationsbereich regeln sollen, nicht ausreichend funktionieren. Außerdem ist die Anzahl wissenschaftlicher Artikel in Russland ebenfalls sehr niedrig. Eine der Ursachen ist, dass die meisten Autoren für die Publikation ihrer Artikel einen Beitrag zahlen müssen. Mit einem durchschnittlichen Lohn von ca. 300,-- bis 500,-- Euro müsste z.B. ein Universitätsmitarbeiter oder ein Lehrer 20,-- Euro bezahlen. Ein anderer wichtiger Faktor für die Integration und die Zusammenarbeit im FuE-Sektor zwischen den Ländern ist die Veröffentlichung wissenschaftlicher Artikel von Autoren aus verschiedenen Ländern. Die meisten Partner Russlands stammen aus den USA, Japan, Deutschland und Frankreich. Es gibt aber auch Veröffentlichungen mit polnischen, schwedischen und niederländischen Kollegen.[265]

Durch den momentan stattfindenden Integrationsprozess der nationalen Wirtschaft Russlands auf einer globalen Ebene erhält der FuE-Sektor gerade für den Export der high- and medium-high-technology gute Entwicklungschancen. Im Zeitraum zwischen 1998 und 2008 besaß Russland unter den Entwicklungsländern beim Export von High-Technologie die viertbeste und beim Export von Medium-high-Technologie die drittbeste Wachstumsrate.[266]

Beim RIS lässt sich aufgrund des oben geführten Überblicks über die verschiedenen Analysen der NIS eine Dynamik in seiner Entwicklung feststellen. Zur Zeit der UdSSR war der FuE-Sektor sehr stark ausgeprägt und in seinem Potential vergleichbar mit den USA und den westeuropäischen Ländern. Allerdings war dieser Bereich von seiner staatlichen Finanzierung abhängig. Nach dem Zusammenbruch der UdSSR verlor die FuE ihre Bedeutung. Mit dem Niedergang des „Military complex" - als bisherigem Hauptabnehmer des FuE-Sektors - erhielt die FuE weniger Bestellungen, so dass sich die Anzahl der Forschungsprojekte deutlich verringerte. Ein weiteres Problem für den FuE-Sektor war die Unterbrechung der staatlichen Finanzierung. Durch diesen Mangel mussten viele Forschungseinrichtungen schließen. So kam

---

[262] Vgl. ebd., S. 31.
[263] Vgl. OECD (2010), S. 45.
[264] Vgl. ebd., S. 48.
[265] Vgl. ebd., S. 58.
[266] Vgl. ebd., S. 54.

es zu einem Zusammenbruch des russischen, wissenschaftlichen Netzwerks. Außerdem verlor der FuE-Sektor durch zu niedrige Löhne seine besten Spezialisten, die entweder emigrierten oder auf der Suche nach einem besseren Einkommen den wissenschaftlichen Arbeitsmarkt verließen. Dies hatte zur Folge, dass sich auch die Qualität in der Lehre an Universitäten und Hochschulen verschlechterte und dies maßgeblichen Einfluss auf die Entwicklung des wissenschaftlichen Nachwuchses hatte.

Positiv für den FuE-Sektor war allerdings, dass sich nach dem Zusammenbruch der UdSSR die Grenzen öffneten und dies einen Erfahrungsaustausch sowie einen Wissens- und Technologietransfer mit anderen Ländern ermöglichte.

Die gesamte Statistik ist von der Vergangenheit Russlands und der UdSSR geprägt. Momentan hat Russland im Vergleich mit anderen Ländern wie den EU-27-Staaten, Japan und USA noch einen starken Nachholbedarf in seinem NIS. Möchte Russland das gewünschte Niveau der anderen europäischen Länder erreichen, muss der FuE-Bereich weiter reformiert und die Zusammenarbeit mit dem Businesssektor verstärkt werden.

5.3. Stärken und Schwächen des russischen Innovationssystems

Jedes NIS besitzt Stärken und Schwächen. Das RIS hat bis jetzt mehr Schwächen als Stärken. Zu den Stärken gehören:[267]

1. Gute geographische Lage

2. Geografische Nähe zu vielen Industrieländern

3. Historische Verbindungen insbesondere zu westeuropäischen Ländern

4. Eindrucksvolles ökologisches Potential

5. Viele natürliche Ressourcen, Energie und technologisches Material

6. Gut entwickelter Bereich der Primärindustrie

7. Langjährige wissenschaftliche und technische Kultur

8. Ausgezeichnete internationale Reputationen, insbesondere in der Luft- und Raumfahrt, Nuklearwissenschaft und Softwareentwicklung

---

[267] Vgl. OECD (2001; 2), S. 60 ff.; OECD (2011), S. 16.

9. Großes Potenzial und große Erfahrung im Schiffsbau und der chemischen Industrie

10. Großes Kapital an Arbeitskraft

11. Gutes Bildungssystem und ein allgemein hohes Bildungsniveau der Bevölkerung

12. Steigende Zahl von Universitäten und Hochschuleinrichtungen

13. Hohe Qualität von wissenschaftlichem Personal im Bereich der Grundlagenforschung

14. Eine wachsende Zahl von KMU, die einen Beitrag für den FuE-Sektor leisten können

15. Energie-Infrastruktur

16. Relativ gut entwickeltes wissenschaftliches Netzwerk aufgrund zuletzt entstandener Technoparks und Naukograds

17. Hohes Entwicklungspotential des russischen Verbrauchermarkts

18. Große Anzahl an Reformprozessen in den letzten Jahren

19. Verbesserte Balance in Kooperation und Wettbewerb zwischen den verschiedenen Komponenten des öffentlichen Forschungssystems

Die Schwächen sind:[268]

1. Niedrige Innovationskultur im Land

2. Eine schwache rechtliche Grundlage und Rechtsdurchführung bei der Regulierung des NIS

3. Negativer Einfluss der Innovationstätigkeit durch eine hohe Inflationsrate, Kapitalflucht und hohe Zinsen

4. Entwicklungshemmnisse des FuE-Sektors durch ein sehr hohes Niveau von Bürokratie, administrativer Barrieren und Korruption

5. Starker Einfluss krimineller Vereinigungen auf die Politik und Wirtschaft

6. Unklare Grenzen zwischen Staat und Privatwirtschaft

---

[268] Vgl. OECD (2001; 2), S. 60 ff.; Sarodnick (2003), S. 36 f.; OECD (2011), S. 16.

7. Großer Anteil von „Schattenwirtschaft"

8. Herrschaft von Oligarchen in der Wirtschaft

9. Schlechte Entwicklung der Infrastrukturen in den ländlichen Gegenden

10. Mangelnde Unterstützung des Businesssektors durch den Staat, insbesondere im FuE-Bereich

11. Mangelnde Rentabilität kleiner und mittlerer Innovationsunternehmen

12. Das Fehlen eines starken „Entrepreneur"-Geistes

13. Wenig Transparenz in der Finanzlage der Unternehmen

14. Mangel an Wettbewerb

15. Ungleiche Wettbewerbsbedingungen

16. Unzureichender Schutz der Investitionen

17. Erschwerte Existenz der Unternehmen durch Unzulänglichkeiten in der Steuerpolitik

18. Ein hohes Schuldenaufkommen sowohl zwischen den einzelnen Unternehmen, als auch zwischen Unternehmen und Staat

19. Beeinflussung der Finanzierung von Investitionen durch schlecht entwickeltes Bankensystem

20. Unangemessenes Steuersystem

21. Schlechtes Investitionsklima

22. Nicht entwickeltes Versicherungssystem

23. Niedriges Niveau von „consulting service"

24. Organisatorische Schwächen in der Entwicklung der Kooperation

In den letzten Jahren wies Russland eine hohe Wachstumsrate nach, was einen sehr positiven Einfluss auf den FuE-Sektor besitzt. Aufgrund des Transformationsprozesses bekam Russland eine sehr starke Nachfrage nach Innovationen. Trotz dieser positiven Anzeichen beeinflussen viele Faktoren das NIS negativ. Nur durch die Bewältigung der oben genannten Probleme kann die russische Regierung ein gut funktionierendes NIS aufbauen.

5.4. Perspektiven des russischen Innovationssystems

Es gibt viele Strategien und Programme der Regierung, die nach zukünftigen Perspektiven des RIS und auf eine allgemeine Verbesserung der FuE-Bereiche gerichtet sind. Aber um diese Pläne zu realisieren, müssen zuerst die Innovationsfähigkeit und das Innovationsklima des Landes verbessert werden.
Dafür sind folgende weitere Maßnahmen notwendig:[269]

1. Das Inordnungbringen der nationalen Wirtschaft
2. Die Erschaffung von Mechanismen zur Förderung des Wettbewerbs
3. Die Verbesserung von Steuergesetzen und steuerlichen Gestaltungsinstrumenten
4. Das Anpassen an internationale Standards für Produktqualität und Umwelt
5. Die Mobilisierung der „Human resources"
6. Die attraktivere Gestaltung der Wirtschaft für private Investitionen
7. Eine Verbesserung des Schutzes und eine größere Unterstützung des geistigen Eigentums
8. Das Erschaffen und die Erhaltung einer angemessenen Infrastruktur des Innovationssystems
9. Die Unterstützung der Wissenschaft und deren Orientierung am allgemeinen Wohlstand als nationale Priorität
10. Die Förderung der Beziehungen zwischen Wissenschaftlern und Unternehmern
11. Eine bessere Integration in globale Wertschöpfungsketten, erleichtert durch den Beitritt zur Welthandelsorganisation
12. Der Aufbau einer konstruktiven Zusammenarbeit von Universitäten und Forschungseinrichtungen

---

[269] Vgl. OECD (2001; 2), S. 60 ff.; OECD (2011), S. 17.

13. Eine Stimulation der Entstehung innovativer Unternehmen

14. Eine Verbesserung der Kommunikations-Technologie

15. Eine bessere Vorbereitung des wissenschaftlichen Nachwuchses

16. Eine allgemeine Verbesserung des Innovationsklimas durch ein wachsendes Innovationsbewusstsein und Initiativen in der Bevölkerung

Zusammenfassung

In den letzten Jahrzehnten hat Russland viele Änderungen erlebt, die sich in allen Lebensbereichen des Landes ausgewirkt haben. Trotz der sowjetischen Vergangenheit und einer starken Krise, die mit dem Zusammenbruch der UdSSR verbunden ist, behält das Land die gewünschte Richtung zur freien Wirtschaft und offenen Marktbeziehungen bei. Dieser Weg ist allerdings nicht einfach. Der Anpassungsdruck durch steigenden Wettbewerb und die zunehmende Globalisierung stellt Russland vor starke Herausforderungen. Noch gibt es viele Probleme, die das Land bewältigen muss, z.B. die mangelnde Weltmarkterfahrung, die starke Quote von Korruption, die Bürokratie, das niedrige Lebensniveau, der zu große Unterschied zwischen Arm und Reich und das unfähige Rechtssystem. Nur wenn diese Probleme zumindest ansatzweise positiv gelöst werden, liegen für Russland die Voraussetzungen vor, um in die internationale Wirtschaft einzusteigen und mit den eigenen Waren und Dienstleistungen auf dem Markt wettbewerbsfähig zu sein.

Die wichtigste Grundlage für diesen Änderungsprozess ist die Entwicklung eines nationalen Innovationssystems. Hier stehen alle Akteure wie Staat, Bürger und Unternehmen im Fokus.[270] Russland hat ein sehr großes Innovationspotenzial. Aber seine Innovationsindikatoren machen einen enttäuschenden Eindruck. Auf der einen Seite gibt es noch eine sehr große Differenz zwischen den Produkten des russischen FuE-Sektors und den Marktanfragen. Es fehlen die Stimulation beim Heranziehen privater Investitionen in die FuE und die Förderung von kleinen und mittleren Innovationsunternehmen. Außerdem muss die Politik den Markt und seine orientierte Innovationsentwicklung mehr unterstützen, um die Innovationsprozesse effektiver zu gestalten. Auf der anderen Seite befindet sich das russische Innovationssystem noch in der Übergangsphase, die geprägt ist durch Probleme, wie den Mangel an Kooperation und Koordination zwischen unterschiedlichen Akteuren des RIS und seine allgemeine Integrationsschwierigkeit auf internationaler Ebene. Dies macht den russischen Markt weniger attraktiv für direkte Auslandsinvestitionen und verhindert somit Technologietransfers.

Leider ist die Prognose aufgrund der globalen wirtschaftlichen Krise nicht erfreulich. Russland hat immer noch wirtschaftliche Probleme: 1. Im Jahre 2011 betrug die Kapitalflucht ca. 70 Milliarden Dollar.[271] Die Kapitalflucht seit Anfang des Jahres 2013 beträgt 29 Milliarden

---

[270] Vgl. Weissenberger-Eibl/Koch (2007), S. 10 f.
[271] Vgl. http://lenta.ru/news/2011/11/18/out/ (Stand: 20.03.2012).

Dollar.[272] 2. Die Einkünfte des föderalen Budgets sind wegen zurückgegangener Steuereinnahmen stark gesunken; 3. Nach den offiziellen Zahlen von Rosstat beträgt die Inflationsrate seit Anfang des Jahres 2013 1,5%.[273] Die nicht offiziellen Zahlen liegen aber bei ca. 30%.[274] 4. Die Preise für Lebensmittel stiegen seit Anfang 2013 um 16%, für Dienstleistungen um 15%. Waren wie Mehl sind um 25,6% gestiegen, Gemüse um 15,8%, insbesondere Kohl um 41,8%, Brot um 10,9% und die Preise für Medikamente um 29,7% bis 59,5%.[275] 5. Die Transportkosten wurden um 25% erhöht;[276] 6. Der Rückgang bei der Industrieerzeugung und beim Warentransport im Schienenverkehr hat begonnen; 7. Es gibt Störungen in der Arbeit von Fabriken und großen Unternehmen; 8. Die Verschuldung zwischen privaten Unternehmen untereinander und zum Staat steigt; 9. Die Produktion von Anlagen und diejenige in der Automobilindustrie ist zurückgegangen; 10. Die Bauindustrie ist rückläufig und die Anfrage nach Baumaterial sinkt, z.B. mussten Baumaterialfabriken wegen voller Warenbestände ihre Produktion stoppen, weil sie keine Abnehmer für ihre Produkte hatten. Das Personal musste deswegen unbezahlten Urlaub nehmen.[277]

In dieser Situation ist das RIS noch nicht stabil und besitzt viele Schwächen. Die wirtschaftliche Krise beeinflusst die ökonomischen und auch sozialen Sphären sehr stark. Deswegen versucht die russische Regierung verschiedene Antikrisen-Maßnahmen zu entwickeln, die die negativen Folgen der Krise auffangen sollen. Dadurch sollen die bisher erreichten positiven Signale für den ökonomischen Aufschwung der letzten Jahre nicht wieder verschwinden.

Das Innovationssystem eines Landes besteht nicht nur aus Forschungsorganisationen, Bildungseinrichtungen und privaten innovativen Unternehmen, sondern in erster Linie aus den Menschen, die mit ihren Ideen und ihrer wissenschaftlichen Tätigkeit den Fortschritt des Landes vorantreiben. Dies sind insbesondere Wissenschaftler, Lehrer und Mitarbeiter von Unternehmen. Deswegen kann ein Land nur dann ein entsprechendes NIS aufbauen, wenn es auch gute Bedingungen für die Entfaltung seiner Bürger ermöglicht.

---

[272] Diese Zahlen wurden von Finanzminister Anton Siluanov auf dem St. Petersburg International Economic Forum übermittelt. Vgl. http://rg.ru/2013/06/20/kapital-anons.html (Stand: 21.09.2013).
[273] Vgl. http://www.rosbalt.ru/business/2012/01/10/931551.html und
http://www.quote.rbc.ru/news/fond/2013/03/05/33898066.html (Stand: 20.09.2013).
[274] Vgl. http://www.opentown.org/s/275836/ (Stand: 20.09.2013).
[275] Vgl. ebd.
[276] Vgl. Leningradskij vestnik (2008), S. 11.
[277] Vgl. http://www.gks.ru/ (Stand: 10.03.12).

Anhang

Anhangsverzeichnis

Anhang 1: Gliederung Russlands 123
Anhang 2: Changes in basic social and economic indicators (value indicators at constant process; as percentage of pervious year) 2007 124
Anhang 3: Changes in basic social and economic indicators (value indicators at constant prices; percentage to previous year) 2010 125
Anhang 4: Science and innovation profile of the Russian Federation 126
Anhang 5: Average monthly nominal accrued wages, of employees of organizations by kinds of economic activities 127
Anhang 6: Global Innovation Performance 128
Anhang 7: EU27 Innovation performance compared to main competitors 129
Anhang 8: EU27-Russia Comparison 129

Anhang 1: Gliederung Russlands

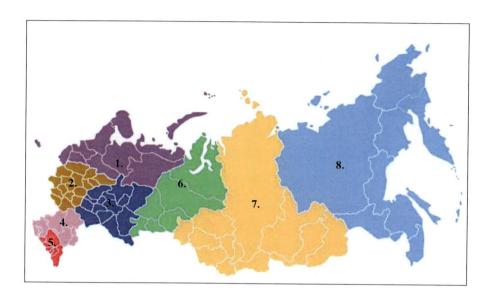

1. Nordwestrussland
2. Zentralrussland
3. Wolga
4. Südrussland
5. Nordkaukasus
6. Ural
7. Sibirien
8. Ferner Osten

Quelle: http://www.jks-russia.ru/organizacijks (Stand: 02.11.11).

Anhang 2: Changes in basic social and economic indicators (value indicators at constant process; as percentage of previous year) 2007

	1992	1995	2000	2002	2003	2004	2005	2006	2007
Population (the end of year)	100.03	99.9	99.6	99.5	99.5	99.5	99.5	99.6	99.9
Average annual employment in the economy[1]	...	97.4	100.6	100.9	100.6	100.6	100.6	100.6	100.8
Unemployed (the end of year)	-	116.4	77.1	97.9	92.3	101.6	90.2	89.0[2]	84.9
Unemployed registered in state services of employment (the end of year)	-	142.2	82.1	133.6	109.3	117.2	95.3	95.2	89.2
Number of pensioners (the end of year)[3]	103.6	101.3	100.1	99.5	99.3	100.1	100.3	100.0	100.4
Actual disposal money incomes of population	52.5	85.0	112.0	111.1	115.0	110.4	112.4	113.5	110.7
Average monthly real accrued wages (consumer price index considered)	67.3	72.0	120.9	116.2	110.9	110.6	112.6	113.3	116.2
Actual size of assigned pensions	51.9	80.5	128.0	116.3	104.5	105.5	109.6	105.1	103.8
Gross Domestic Product[4]	85.5	95.9	110.0	104.7	107.3	107.2	106.4	107.4	108.1
Expenditures on final consumption[4]	94.8	97.3	105.6	107.0	106.0	109.2	108.8	108.9	110.6
Gross capital formation[4]	63.1	89.2	175.2	97.4	114.3	112.2	109.5	118.3	122.6
Fixed assets in the economy	102.0	100.1	100.5	101.0	101.3	101.6	101.9	102.4	103.0
Industrial output[5]	84.0	95.4	108.7	103.1	108.9	108.0	105.1	106.3	106.3
Agricultural output	90.6	92.0	107.7	101.5	101.3	103.0	102.3	103.6	103.3
Commissioning of total living area in residential houses	84.0	104.6	94.6	106.7	107.7	112.6	106.1	116.1	120.6
Freight turnover of transport	86.3	99.0	105.1	105.9	107.7	106.4	102.6	102.7	102.3
Passenger turnover of public transport[6]	87.0	92.6	106.0	99.3	100.5	103.8	92.6	100.5	99.7
Retail trade turnover[7]	100.3	93.8	109.0	109.3	108.8	113.3	112.8	114.1	115.9
Market services rendered to population	81.6	82.3	104.7	103.7	106.6	108.4	106.3	107.6	107.1
Balanced financial result (profit minus loss) of the economy [8] (as of comparable range of organisations)	14.2 times.	2.6 times	170.1	79.1	145.2	162.4	151.3	175.7	117.7
Investments in fixed capital	60.3	89.9	117.4	102.8	112.5	113.7	110.9	116.7	121.1
External trade turnover with far abroad countries[9]	...	124.5	131.8	109.7	125.6	131.3	136.1	127.7	123.0
External trade turnover with CIS countries[9]	...	118.9	123.7	100.8	127.7	137.5	110.7	122.5	126.0

[1] Data for 1992 are not represented due to incomparability of data. Excluding Chechen Republic.
[2] Excluding Chechen Republic.
[3] Before 2002 - registered officially bodies of social protection. Since 2002 - in system of Pension Fund of the Russian Federation. Data for 2007 is represented as of 1st January, 2008.
[4] In constant prices.
[5] Aggregate production index by kinds of economic activities „Mining and quarrying", „Manufacturing", „Electricity, gas and water supply". Data are given with due regard to adjustments for informal activities.
[6] In comparable conditions.
[7] Data for 2006 were adjusted according to the results of the Survey on large and medium organisations and small businesses.

[8] At actual prices. 2000 - 2006 - data of book-keeping records.
[9] Data of Bank of Russia; at actual prices.

Quelle: Russia in figures - 2008, S. 35.

Anhang 3: Changes in basic social and economic indicators (value indicators at constant prices; percentage to previous year) 2010

	1992	1995	2000	2005	2006	2007	2008	2009	2010
Average annual number of employed in the economy[1]	...	97.4	100.6	100.6	100.6	100.9	100.7	98.3	100.3
Number of unemployed (average per year)	-	116.4	81.6	92.7	100.9	86.4	104.4	133.0	88.6
Number of unemployed registered at state services of employment (end of year)	-	142.2	82.1	95.3	95.2	89.2	98.0	141.1	74.0
Number of pensioners[2] (end of year)	103.6	101.3	100.1	100.3	100.0	100.4	100.3	101.3	101.6
Actual disposal money incomes of population	52.5	85.0	112.0	112.4	113.5	112.1	102.3	102.0	104.2
Average monthly real accrued wages (consumer price index considered)	67.3	72.0	120.9	112.6	113.3	117.2	111.5	96.5	104.6
Actual size of assigned pensions	51.9	80.5	128.0	109.6	105.1	104.8	118.1	110.7	134.8
Gross Domestic Product[3]	85.5	95.9	110.0	106.4	108.2	108.5	105.2	92.2	104.0
Expenditures for final consumption[3]	94.8	97.3	105.6	109.1	109.5	111.2	108.6	96.5	102.5
Gross capital formation[3]	63.1	89.2	175.2	109.5	117.7	122.0	110.5	59.0	128.4
Fixed assets in the economy (end of year)	102.0	100.1	100.5	101.9	102.4	103.1	103.6	103.2	103.2
Industrial output[4]	84.0	95.4	108.7	105.1	106.3	106.8	100.6	90.7	108.2
Agricultural output	90.6	92.0	106.2	101.6	103.0	103.3	110.8	101.4	88.1
Commissioning of residential houses' total floor area	84.0	104.6	94.6	106.1	116.1	121.1	104.6	93.5	97.6
Freight turnover of transport	86.3	99.0	105.1	102.6	102.7	102.4	100.7	89.8	106.9
Passenger turnover of public transport[5]	87.0	92.6	106.4	93.0	100.7	104.4	103.0	90.2	104.8
Retail trade turnover[6]	100.3	93.8	109.0	112.8	114.1	116.1	113.6	94.9	106.3
Market services rendered to population	81.6	82.3	104.7	106.3	107.6	107.7	104.3	97.5	101.5
Balanced financial result (profit minus loss) of the economy (as of comparable range of organizations)[7]	in 14.2 times	in 2.6 times	170.1	151.3	175.7	111.8	69.1	124.1	140.9
Investments in fixed capital[3]	60.3	89.9	117.4	110.9	116.7	122.7	109.9	84.3	106.0
External trade turnover[8]	...	...	130.2	131.6	126.7	123.5	132.1	64.9	131.0

[1] Data for 1992 is not represented due to incomparability of data. Since 2008 - including Chechen Republic.
[2] Before 2002 - registered officially at bodies of social protection, since 2002 - at the system of Pension Fund of the Russian Federation. Data for 2007, 2008 and 2010 is represented as of January 1 of 2008, 2009 and 2011 correspondingly.
[3] At constant prices.
[4] Aggregate production index by kinds of economic activities „Mining and quarrying", „Manufacturing", „Electricity, gas and water supply". Data are given with due regard

to adjustments for informal activities.
[5] In comparable conditions.
[6] Data for 2008, 2009 is adjusted according to results of annual surveys on trade organizations and small businesses.
[7] At actual prices. For 2000 - 2009 - data from book-keeping records.
[8] Data from the Bank of Russia; at actual prices.

Quelle: Russia in figures - 2011, S. 34.

Anhang 4: Science and innovation profile of the Russian Federation

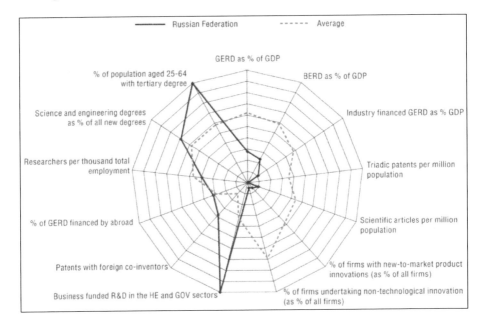

Quelle: OECD (2010): Science, technology and industry outlook, Paris, S. 215.

Anhang 5: Average monthly nominal accrued wages, of employees of organizations by kinds of economic activities (Rub; 1995 - thou. Rub.)

	1995	2000	2005	2006	2007	2008	2009	2010
Total in the economy	**472.4**	**2223**	**8555**	**10634**	**13593**	**17290**	**18638**	**21193**
Agriculture, hunting and forestry	259.4	985	3646	4569	6144	8475	9619	10573
Fishing, fish farms	746.2	2846	10234	12311	14797	19499	22914	23482
Mining and quarrying	1067.2	5940	19727	23145	28108	33206	35363	39883
mining and quarrying of energy producing materials	1211.9	6985	23456	27615	33276	39051	41568	46337
mining and quarrying, except of energy producing materials	752.6	4000	13176	15364	19093	22937	24064	28105
Manufacturing	453.8	2365	8421	10199	12879	16050	16583	19100
manufacture of food products, including beverages and tobacco	492.6	2183	7304	8807	11069	13930	15653	17289
manufacture of textile and textile products	240.8	1215	3986	4964	6590	8454	9021	10102
manufacture of leather, leather products and footwear	277.1	1348	4695	5649	7537	9522	10073	10956
manufacture of wood and wood products	390.9	1739	5895	6950	8816	11301	10947	12268
manufacture of pulp, paper and paper products; publishing and printing	569.7	2737	9419	10924	13792	17632	17707	20681
manufacture of coke, refined petroleum products	810.9	4916	19397	22320	28565	34913	37964	41942
manufacture of chemicals, chemical products	517.6	2755	9928	11599	14616	18220	19429	22968
manufacture of rubber and plastic products	424.6	2140	6879	8768	11083	13464	13851	16525
manufacture of other non-metallic mineral products	489.7	2182	7922	9984	13193	16372	16054	17933
manufacture of basic metals and fabricated metal products	687.9	3855	10261	12002	14991	18171	17946	20982
manufacture of machinery and equipment	377.9	1975	8380	10418	13480	16940	17010	20090
manufacture of electrical, electronic and optical equipment	370.7	2004	8219	10290	13114	16609	17360	19734
manufacture of transport means and equipment	493.6	2454	9377	11431	14014	17331	17368	20659
manufacturing n.e.c.	373.8	2053	6387	8278	10114	12593	12543	14462
Production and supply of electricity, gas and water	786.9	3157	10637	12828	15587	19057	21554	24280
Construction	587.3	2640	9043	10869	14333	18574	18122	22089
Wholesale and retail trade; repair of motor vehicles, motorcycles; personal and household goods	357.6	1585	6552	8235	11476	14927	15959	19402
Hotels and restaurants	325.3	1640	6033	7522	9339	11536	12470	14253
Transport and communication	702.9	3220	11351	13390	16452	20761	22401	25783
of which communication	586.2	2879	11389	13220	16043	19918	20923	24561
Financial activities	755.2	5232	22464	27886	34880	41872	42373	50613
Real estate, renting and business activities	416.2	2457	10237	12763	16642	21275	22610	26008
Public administration and defence; social security	517.0	2712	10959	13477	16896	21344	23960	25094
Education	309.3	1240	5430	6983	8778	11317	13294	14063
Health and social work	345.0	1333	5906	8060	10037	13049	14820	15670
Other community, social and personal service activities	470.7	1548	6291	7996	10392	13539	15070	16177

Quelle: Russia in figures - 2011, S. 25.

Anhang 6: Global Innovation Performance

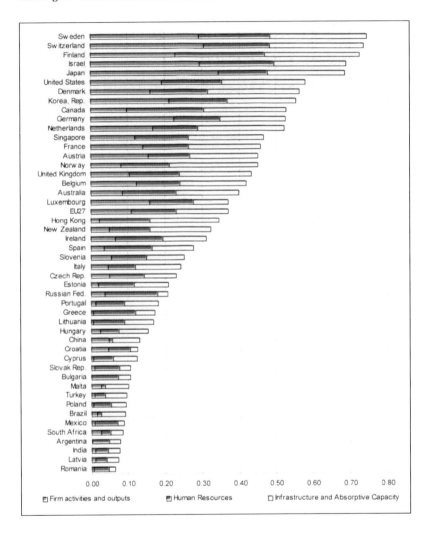

Quelle: The Global Innovation Scoreboard 2008, S. 35.

Anhang 7: EU27 Innovation performance compared to main competitors

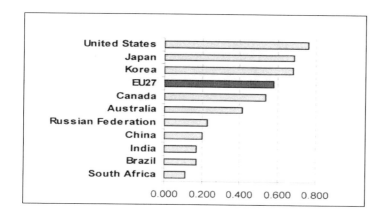

Quelle: The Innovation Union Scoreboard 2011, S. 16.

Anhang 8: EU27-Russia Comparison

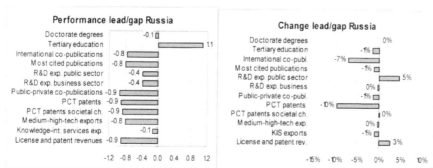

A country has a performance lead if the relative score for the indicator is below 0 and a performance lead in the relative score is above 0. The EU27 has a performance lead if the relative score for the indicator is below 0 and a performance lead if the relative score is above 0. Relative annual growth as compared to that of the EU27 over a 5-year period.

Quelle: The Innovation Union Scoreboard 2011, S. 19.

Literaturverzeichnis

Quellen:

Albers, S./Gassmann, O. (2005): Handbuch Technologie- und Innovationsmanagement, Dr. Th. Gabler/GWV Fachverlage GmbH, Wiesbaden, S. 25.

Albrecht, E. (2011): Putin und sein Präsident. Russland unter Medwedew, Orell füssli Verlag AG, Zürich, S. 13 ff.

Balabanov I.L. (2001): Innovacionnyj menedzment (Innovationsmanagement), Piter, St. Petersburg, S. 17.

Baldajcev S.V. (1997): Ocenka biznesa i innovacij (Bemessung von Business und Innovation), Filin, Moskva, S. 31.

BDI_Deutsche Telekom Stiftung (2011): Innovationsindikator 2011, S. 10.

Belitz, H. et al. (2008): Rückstand bei der Bildung gefährdet Deutschlands Innovationsfähigkeit, in: DIW Berlin (2008): Wochenbericht, Nr. 46, November, S. 716 ff.

Belitz, H./Kirn, T. (2008): Deutlicher Zusammenhang zwischen Innovationsfähigkeit und Einstellungen zu Wissenschaft und Technik im internationalen Vergleich, in: DIW Berlin (2008): Nationale Innovationssysteme im Vergleich, Nr. 2, S. 47 ff.

Belitz, H./Schrooten, M. (2008): Innovationssystem- Motor der Wirtschaft, in: DIW Berlin (2008): Nationale Innovationssysteme im Vergleich, Nr. 2, S. 6.

Bergmann, G. (2000): Kompakt-Training. Innovation, Friedrich Kiehl Verlag GmbH, Ludwigshafen (Rhein), S. 18.

Biehl, W. (1982): Investition und Innovation, Franz Steiner Verlag GmbH, Wiesbaden, S. 31.

Blätter-Mink, B. (1995): Nationale Innovationssysteme - Vergleichende Fallstudien, Stuttgart, S. 5 ff.

Borisov A.B. (2000): Bolsoj Enceklopediceskij slovar' (Großes Enzyklopädie Wörterbuch), Kniznij mir, Moskva, S. 8.

Burr, W. (2004): Innovationen in Organisationen, W. Kohlhammer Druckerei GmbH + Co, Stuttgart, S. 21.

Cabral Cardoso, C./Oglobina, S./Faria, A. P. (2002): Research and development in Russia and its role in national competitiveness, in: International journal of innovation management, Vol 6, No. 2 (June), S. 131-161.

Castells, M. (2003): Jahrtausendwende, Teil 3 der Trilogie: Das Informationszeitalter, Leske+Budrich, Opladen, S. 6 ff.

Cervantes, M./Malkin, D. (2009): Russia's innovation gap, in: OECD Observer, S. 10.

Conle, M./Schüller, M./Wogart, J.P. (2008): Innovation im Staatsauftrag: FuE-Institute Indiens und Chinas im Vergleich, in DIW Berlin (2008): Nationale Innovationssysteme im Vergleich, Nr. 2, S. 163-183.
Im Internet: Deliverable%204.1%20-%202007%20Russia%20Inno-Policy%20TrendChart%20Country%20Report.pdf (Stand: 09.03.09).

DFG Helmholz Gemeinschaft/Botschaft der Bundesrepublik Deutschland in Moskau (2007): Wissenschaft - Forschung - Bildung in der Russischen Föderation, S. 5 ff. Im Internet: http://www.helmholtz.ru/download/Forschungsfoerderung in der RF 2007.pdf (Stand: 26.02.11)

Dutta, S. (2009): The Global Innovation Index 08/09, INSEAD, S. 3 ff. Im Internet: http://www.globalinnovationindex.org/gii/main/previous/2008-09/FullReport_08-09.pdf (Stand: 07.02.09).

Dutta, S. (2011): The Global Innovation Index 2011. Accelerating Growth and Development, INSEAD, S. 8 ff.; 214. Im Internet: http://www.wipo.int/freepublication/en/ Economics/gii_2012.pdf. (Stand: 12.03.12).

Erber, G./Hagemann, H. (2008): Die Rolle staatlicher Institutionen in asiatischen Innovationssystemen, in: DIW Berlin (2008): Nationale Innovationssysteme im Vergleich, № 2, S. 96-97.

Europäische Kommission (1996): Grünbuch zur Innovation (Bulletin der Europäischen Union, Beilage 5/95, Brüssel-Luxemburg: Amt für amtliche Veröffentlichungen der Europäischen Gemeinschaften, S. 12.

European Commission (2007): INNO-Policy TrendCart-Policy Trends and Appraisal Report Russia, S. 1 ff. Im Internet: http://www.inco-bruit.eu/documents/ erderung_in_der_ RF_2007.pdf (Stand: 26.02.11).

Eurostat statistical books (2008 edition): Science, technology and innovation in Europe, European Communities, S. 38-46. Im Internet: http://epp.eurostat.ec.europa.eu/cache/ITY_OFFPUB/KS-EM-08-001/EN/KS-EM-08-001-EN.PDF (Stand: 12.03.09).

Eurostat statistical books (2010): Science technology and innovation in Europe, European Commission, S. 31 ff.

Eurostat statistical books (2011): Science technology and innovation in Europe, European Commission, S. 21 ff.

Exportbericht Russland (2011), Industrie- und Handelskammern in Bayern, Advantage Austria WKO, Außerwirtschaft Österreich (AWO), S. 8 ff.

Füllsach, M. (2003): Ab-, Um- oder Aufbruch? Die Transformation der Wissenschaften in Russland, in: Gorzka, Gabriele (Hrsg.): Transformation der Wissenschaften in Mittel- und Osteuropa. Polen. Rumänien. Russland. Slowakei. Tschechien. Ungarn, Kassel University Press GmbH, Kassel, S. 193-222.

Global Innovation Scoreboard (GIS), Report (2006), S. 3 ff. Im Internet: http://www.proinno-Europe.eu/sites/default/files/page/10/07/eis_2006_global_innovation_report.pdf (Stand: 06.02.09).

Golicenko O.G. (2006): Nazional'naja innovazionnaja sistema Rossii: sostojanie i puti razvitija (Das russische nationale Innovationssystem: Zustand und Entwicklungswege), Verlag Nauka, Moskau, S. 5.

Goncarenko L.P. (2009): Innovacionnaja politika (Innovationspolitik), KNORUS, Moskva, S. 16-68.

Gorfinkel' V.J./Cernicov B.N. (2008): Innovacionnij menedzment (Innovationsmanagement), „Vuzovskij Ucebnik", Moskva, S. 11-49.

Gorzka, G. (2003): Transformation der Wissenschaften in Mittel- und Osteuropa. Polen. Rumänien. Russland. Slowakei. Tschechien. Ungarn, in: Gorzka, Gabriele (Hrsg.): Transformation der Wissenschaften in Mittel- und Osteuropa. Polen. Rumänien. Russland. Slowakei. Tschechien. Ungarn, Kassel University Press GmbH, Kassel, S. 7.

Guido, B. (2003): Innovationsmanagement- Konzept zur systematischen Gestaltung und Umsetzung, in Warnecke, Günter (Hrsg.): FBK produktionstechnische Berichte, Band 49, Kaiserslautern, S. 7 ff.

Gvisiani D.M. (1986): Dialektika i sistemnyj analiz (Dialektik und Systemanalyse), Nauka, Moskva, S. 18.

Hauschildt, J./Sören, S. (2007): Innovationsmanagement, 4 Aufl., Verlag Franz Vahlen, München, S. 8 ff.

Hotz-Hart, B./Reuter, A./Vock, P. (2001): Innovationen: Wirtschaft und

Il'enkova S.D. (1997): Innovacionnyj menedzment (Innovationsmanagement), JUNITI, Moskva, S. 21). Im Internet: http://www.international.ac.uk/resources/

Insead200809.pdf (Stand: 09.03.09).

InnoVaccer. Managing&Acceleration Innovation (2011): Global Innovation Competitive index. Innovation Capacity of 22 major economies, S. 4 ff; 28.

Kantarovic L.B. (1986): Sistemnij analiz i nekotorye problemy naucno-techniceskogo progressa (Systemanalyse und einige Probleme des wissenschafts-technischen Progresses), Verlag - Nauka, Moskau, S. 20.

Kappeler, A. (2008): Russland als Vielvölkerreich. Entstehung. Geschichte. Zerfall, 2. Aufl., Verlag C.H. Beck, S. 9 ff; 268 ff.

Keiser, R. (2008): Innovationspolitik, Nomos Verlagsgesellschaft, Baden-Baden, S. 49.

Leningradskij vestnik (2008), Zeitung der Staatlichen Universität A.S. Puschkin, S. 11.

Mauder, U. (2010): Moskau plant ein eigenes Silicon Valley, Handelsblatt. Im Internet: http://www.handelsblatt.com/technologie/forschung-medizin/forschung-innovation/innograd-moskau-plant-ein-eigenes-silicon-valley/3427130.html (Stand: 19.03.12).

Ministry of education and science of the Russian Federation (2009): National Innovation System and State Innovation Policy of the Russian Federation: Background Report to the OECD Country Review of the Russian Innovation Policy, S. 68 ff.

Muchamed'jarov A.M. (2008): Innovazionnij menedzment (Innovationsmanagement), INGRA M, Moskva, S. 72-143.

Müller, R. (1997): Innovation gewinnt. Kulturgeschichte und Erfolgsrezepte, Verlag Industrielle Organisation, Zürich, S. 9.

Niosi, J. (2002): National systems of innovations are "x-efficient" (and x-effective) - Why are some slow learners?, Research policy, Vol. 31, 2002, No. 2, S. 291-302.

OECD (1999): Managing National Innovation System, Paris, S. 23.

OECD (2001; 1): Oslo-Manual, 3. Aufl., Paris, S. 31.

OECD (2001; 2): Bridging the Innovation Gap in Russia, Paris, S. 8.

OECD (2008): Science, technology and industry outlook, Paris, S. 172 f.

OECD (2010): Science, technology and industry outlook, Paris, S. 215.

OECD (2011): Reviews of innovation policy: Russian Federation, Paris, S. 132 ff.

OECD Economic Surveys (2006): Russian Federation, Volume 2006/17 - November 2006, Politik im globalen Wettbewerb, Peter Lang AG, Bern, S. 123 ff.

Peltola, K.-K. (2008): Russian innovation system in international comparison - Opportunities and challenger for the future of innovation development in Russia, electronic Publications of Pan-european Institute 11/2008.
Im Internet: http://209.85.129.132/search?q=cache:6ryKoIhQb9IJ: www.tse.fi/FI/yksikot/erillislaitokset/pei/Documents/Julkaisut/Peltola%25201108 %2520web.pdf+peltola+russia+innovation+system&hl=de&ct=clnk&cd=2&gl=d e (Stand: 23.02.09).

Prahl, T. (2009): Länderinformationen Russland, GATE-Germany, Bonn, S. 4 f.

RBK daily von 10.08.07 (Russische Zeitung). Im Internet
http://www.rbcdaily.ru/2007/10/08/focus/297128 (Stand: 27.02.09).

Rossija i strany mira (2010) (Russland und die Länder der Welt (2010)), Rosstat, Moskau, S. 5; 18.

Russia in figures - 2001, The federal state statistics service (Rosstat), Moskau, S. 6-34; 366-379. Im Internet: http://www.gks.ru/wps/portal/!ut/p/s.7_0_A/7_0_4VG/.cmd/ad/.ar/ sa.detailURI/.ps/X/.c/6_03A9/.ce/7_0_4VK/.p/5_0_3GK/.d/0/_th/J_0_69/_s.7_ 0_A/7_0_4VG?documentId=1135075100641&documentType=news (Stand: 10.03.09).

Russia in figures - 2008, The federal state statistics service (Rosstat), Moskau, S. 28-35; 342-356. Im Internet: http://www.gks.ru/wps/portal/!ut/p/_ s.7_0_A/7_0_4VG/.cmd/ad/.ar/sa.detailURI/.ps/X/.c/6_0_3A9/.ce/7_0_4VK/p/5_ 0_3GK/.d/0/_th/J_0_69/_s.7_0_A/7_0_4VG?documentId =1135075100641&documentType=news (Stand: 10.03.12).

Russia in figures - 2011, Verlag the federal state statistics service (Rosstat), Moskau, S. 24-37; 340-364. Im Internet: http://www.gks.ru/wps/wcm/connect/rosstat/rosstatsite/ main/publishing/catalog/statisticCollections/doc_1135075100641 (Stand: 05.01.12).

Russland-Analysen Nr. 213 (2011), Freie Universität Berlin. Osteuropa-Institut, DGO, Forschungsstelle Osteuropa an der Universität Bremen, Ast-Ausschuss der deutschen Wirtschaft, S. 22.

Sarodnick, S. (2003): Business-Guide Russland. Spielregeln-Fallstricke-Chancen, Deutscher Wirtschaftsdienst, S. 15 ff.

Schlossstein, D.F./Joseph Yun, J.-H. (2008): Das Nationale Innovationssystem Südkoreas im Paradigmenwechsel, in: DIW Berlin (2008): Nationale Innovationssysteme im Vergleich, Nr. 2, S. 114.

Schumm, A. (2006): Das europäische Innovationssystem. Ein Ansatz zur Steigerung der internationalen Wettbewerbsfähigkeit?, Verlag Dg. Kovac, Hamburg, S. 315.

Strambach, S./Storz, C. (2008): Pfadabhängigkeit und Pfadplastizität von Innovationssystemen - Die deutsche und japanische Softwareindustrie, in: DIW Berlin (2008): Nationale Innovationssysteme im Vergleich, Nr. 2, S. 144.

Surin A.V./Molcanova O.P. (2008): Innovazionnyj menedzment (Innovationsmanagement), INGRA-M, Moskva, S. 111-138.

The Global Competitiveness Report 2011-2012, S. 15. Im Internet: http://www.weforum.org/Reports/global-competitiveness-report-2011-2012 (Stand: 18.05.12).

The Global Innovation Scoreboard 2008, S. 12. Im Internet: http://www.proinno-europe.eu/european-innovation-scoreboard-2008 (Stand: 24.05.12).

The Innovation Union Scoreboard 2011, S. 14 ff. Im Internet: http://www.ec.europa.eu/enterprise/policies/innovation/files/ius-2011_en.pdf (Stand: 17.06.12)

The International Monetary Fund: *World Economic Outlook Database*, September 2011. Im Internet: http://www.imf.org/external/pubs/ft/weo/2011/02/weodata/weorept.aspx?sy=2009&ey=2013&scsm=1&ssd=1&sort=country&ds=.&br=1&c=922%2C537%2C111%2C916%2C299&s=NGDP_RPCH%2CNGDPD%2CNGDPDPC%2CPPPGDP%2CPPPPC&grp=0&a=&pr.x=90&pr.y=10 (Stand: 13.03.12).

The World Bank (2006): Russian economic report, No. 13, S. 20 ff.

The World Economic Forum (2008): The Global Competitiveness Report 2008-2009, S. 10.

Voldacek L.T. (1989): Strategija upravlenija innovazijami na predprijatii (Strategien der Steuerung von Innovationen in Betrieb), Ekonomika, Moskva, S. 15.

Weissenberger-Eibl, M.A./Koch, D.J. (2007): Innovationssystem in Mittel- und Osteuropa. Akteure, Aktionsfelder, Länderprofile, Cactus Group Verlag, Kassel, S. 36 ff.

Internetquellen:

Federal'nyj zakon Rossijskoj Federazii ot 28.09.2010 g. № 244-FZ. „Ob innovazionnom zentre „Skolkovo" (Föderales Gesetz der Russischen Föderation vom 28.09.2010 N 244-FZ "Über die Innovation Center" Skolkovo "). Im Internet: http://www.rg.ru/2010/09/30/skolkovo-dok.html (Stand: 19.03.12).

Federal'nyj zakon Rossijskoj Federazii ot 22.06.2005 g. № 116-FZ. „Ob osobych ekonomiceskich zonach v Rossijskoj Federazii" (Föderales Gesetz der Russischen Föderation vom 22. 06. 2005 № 116-FZ. „Über die Sonderwirtschaftszonen der Russischen Föderation"). Im Internet: http://base.consultant.ru/cons/cgi/online.cgi ?req=doc;base=LAW;n=64713 (Stand: 27.02.09).

Federal'nyj zakon Rossijskoj Federazii ot 10.07.1992 g. № 3266-1. „Ob obrazovanii" (Föderales Gesetz der Russischen Föderation vom 10.07.1992 № 3266-1. „Über Bildung"). Im Internet: http://www.consultant.ru/popular/edu/ (Stand: 11.03.09).

Federal'nyj zakon Rossijskoj Federazii ot 29.10.1998 g. № 164-FZ. „Ob lizinge" (Föderales Gesetz der Russischen Föderation vom 29.10.1998 N 164-FZ. „Über Leasing "). Im Internet: http://www.leasingportal.ru/liz_18.shtml (Stand: 26.02.09).

Federal'nyj zakon Rossijskoj Federazii ot 23.08.1996 g. № 127-FZ. „O nauke i gosudarstvennoj naucno-techniceskoj politike" (Föderales Gesetz der Russischen Föderation vom 23.08.1996 N 127-FZ. „Über die Wissenschaft und die staatlich wissenschaftlich-technologische Politik"). Im Internet: http://mon.gov.ru/dok/fz/nti/898/ (Stand: 20.03.12).

Konstituzija Rossijskoj federazii, Stat'i: 65; 110-117; 94. (Konstitution der Russischen Föderation, Artikel 65; 110-117; 94). Im Internet: http://www.constitution.ru/ (Stand: 20.03.12).

Offizielle Seite der Volkszählung 2010. Im Internet: http://www.gks.ru/free_doc/new_site/ perepis2010/perepis_itogi1612.htm (Stand: 21.11.11).

Polozenie po buchgalterskomu ucetu „Dochody organizacii" PBU 9/99 (Verordnung über Buchführung in der Russischen Föderation „Einkommen der Organisation" PBU 9/99). Im Internet: http://www.minfin.ru/ru/accounting/accounting/ legislation/positions/ (Stand: 26.03.09).

Polozenie po buchgalterskomu ucetu „Razchodi organizazii" PBU 10/99 (Verordnung über die Buchführung in der Russischen Föderation „Ausgaben der Organisation" PBU 10/99). Im Internet: http://www.minfin.ru/ru/accounting/accounting/legislation/positions/ (Stand: 26.03.09).

http://www.mon.gov.ru/ (Stand: 27.02.09).
http://www.fasi.gov.ru/ (Stand: 27.02.09).
http://www.ed.gov.ru/ (Stand: 27.02.09).
http://www.obrnadzor.gov.ru/ (Stand: 27.02.09).
http://www.fips.ru/ (Stand: 27.02.09).
http://www.ras.ru/ (Stand: 27.02.09).
http://www.federalspace.ru/ (Stand: 27.02.09).
http://www.rc.edu.ru/rc/ (Stand: 27.02.09).
http://www.rosatom.ru/ (Stand: 27.02.09).
http://www.edu.ru/index.php?page_id=34 (Stand: 27.02.09).
http://www. bmbf.de (Stand: 08.03.09).
http://www.kooperation-international.de/russland/ (Stand: 08.03.09).
http://www.avh.de (Stand: 08.03.09).
http://www.gks.ru (Stand: 10.03.09).
http://www.kooperation-international.de/russland/themes/international/fub/laender/forschungs-bildungspolitik/politische-zielsetzungen/ (Stand: 01.11.11).
http://www.duma.gov.ru/ (Stand: 10.11.11).
http://www.volkswagen.de/de/Volkswagen/nachhaltigkeit/Standorte/europa/kaluga.html (Stand: 08.03.12)
http://de.rian.ru/industry_agriculture/20101004/257382932.html (Sand: 08.03.12)
http://www.wintershall.mobi/334.html?&L=1 (Stand: 08.03.12)
http://russland-heute.de/articles/2011/07/26/deutschrussische_zusammenarbeit_in_wissenschaft_und_wirtschaft_06880.html (Stand: 08.03.12).
http://www1.minfin.ru (Stand: 06.12.11).
http://www.rusnano.ru (Stand: 14.03.12).
http://www.rusnano.com/Section.aspx/Show/33516 (Stand: 14.03.12).
http://www.rfbr.ru/rffi/ru/rbfr_history (Stand: 14.03.12).
http://www.rftr.ru/ (Stand: 14.03.12).

http://www.fasie.ru/o-fonde (Stand: 14.03.12).

http://www.rg.ru/2013/09/18/akademia-anons.html (Stand: 20.09.2013).

http://www.rfh.ru/ (Stand: 14.03.12).

http://www.rusventure.ru/ (Stand: 14.03.12).

http://www.ris.ru/politics/20120503/639962792.html (Stand: 20.09.2013).

http://www.rvf.ru (Stand: 14.03.12).

http://www.rvca.ru/rus/ (Stand: 14.03.12).

http://www.innovbusiness.ru/content/document_r_008F87BE-CC95-4C38-816D-9B0C17FAD9DE.html (Stand: 14.03.12).

http://www.rosinfocominvest.ru (Stand: 14.03.12).

http://ria.ru/science/20100318/215146918.html (Stand: 19.03.12).

http://biz-russia.com/russia-news/science-technology-news/46-innograd-skolkovo (Stand: 19.03.12).

http://www.quote.rbc.ru/news/fond/2013/03/05/33898066.html (Stand: 20.09.2013).

http://www.rosbalt.ru/business/2012/01/10/931551.html (Stand: 20.09.13).

http://lenta.ru/news/2011/11/18/out/ (Stand: 20.03.12).

http://www.skolkovo.ru (Stand: 17.05.12).

http://www.opentown.org/s/275836/ (Stand: 20.09.2013).

http://rg.ru/2013/06/20/kapital-anons.html (Stand: 21.09.2013).

Autorenprofil

Maria Knüttel wurde 1976 in Sankt Petersburg (Russland) geboren. Bereits früh zeigte sie starkes Interesse an wirtschaftlichen Fragestellungen und absolvierte in Russland ein Studium zur Ökonomin mit den Schwerpunkten Buchführung und Wirtschaftsprüfung, das sie mit Erfolg abschloss. Danach folgte ein Aufbaustudium in den Sprachen Englisch und Spanisch. Die Autorin sammelte ihre berufliche Erfahrung als Assistentin eines Wirtschaftsprüfers und insbesondere als Dozentin am Lehrstuhl für Wirtschaft und Marketing der Höheren Verwaltungshochschule des Bürgermeisteramts Sankt Petersburg.

Momentan befindet sich Maria Knüttel in einem Promotionsstudium. Die Dissertationsarbeit beschäftigt sich mit der Untersuchung von Erfolgsfaktoren deutsch-russischer Gemeinschaftsunternehmen und mit den allgemeinen Wirtschaftsbeziehungen zwischen Deutschland und Russland.